Dirk Hessel

Was dein Leben leuchten lässt

In 52 Übungen zu Zufriedenheit und Glück

Schirner Verlag

Die Ratschläge in diesem Buch sind sorgfältig erwogen und geprüft. Sie bieten jedoch keinen Ersatz für kompetenten medizinischen Rat. Alle Angaben in diesem Buch erfolgen daher ohne Gewährleistung oder Garantie seitens des Autors oder des Verlages. Eine Haftung des Autors bzw. des Verlages und seiner Beauftragten für Personen-, Sach- und Vermögensschäden ist ausgeschlossen.

ISBN 978-3-8434-1345-9

Dirk Hessel:
Was dein Leben leuchten lässt
In 52 Übungen
zu Zufriedenheit und Glück

Umschlag: Simone Fleck, Schirner,
unter Verwendung von #81012826
(© HolyCrazyLazy), #584000626 (© Anton V. Tokarev) und #210187381 (© wow.subtropica),
www.shutterstock.com
Layout: Simone Fleck, Schirner
Lektorat: Katja Hiller, Schirner
Printed by: Ren Medien GmbH, Germany

www.schirner.com

1. Auflage März 2018

Inhalt

Einleitung

Das Leben bedeutet ständige Veränderung. Alle Bereiche sind davon betroffen, auch unser Wohlbefinden. Manchmal sind wir gut gelaunt, könnten die ganze Welt umarmen, und manchmal scheint das Leben nur aus grauen Wolken zu bestehen. Dieser Wechsel in unserem Gefühlsleben ist vollkommen natürlich und unbedenklich. Doch wenn Sorgen und Konflikte unseren Alltag dominieren, ist etwas aus der Balance geraten, und wir fühlen uns vom Leben getrennt.

Erinnern Sie sich an eine Situation aus Ihrer Kindheit, in der Sie sich geborgen und eins mit allem fühlten? Vielleicht waren Sie in Ihrem Zimmer völlig im Spiel versunken oder haben draußen staunend in den endlosen Sternenhimmel geschaut. Wäre es nicht wunderbar, wenn Sie dieses Gefühl der Verbundenheit wieder in Ihr Leben zurückbringen und zusätzliche Energie daraus schöpfen könnten?

Der Schlüssel zu echter Lebensfreude, innerer Kraft und unserem vollen Potenzial liegt in der Erkenntnis: Es sind unsere eigenen Gedanken, unsere Identifikation mit dem Ich, die uns von einem zufriedenen und erfüllten Dasein im Hier und Jetzt abhalten. In uns tauchen Gedanken auf, die sich auf Vergangenheit und Zukunft beziehen, und andere, die von der Gegenwart handeln – aber auch die nur, um wieder von ihr abzulenken. Aus eigener Erfahrung wissen Sie, dass viele Gedanken sorgenvoll sind und häufig um dasselbe Thema kreisen. In unseren Köpfen läuft es manchmal ab wie bei einer alten Schallplatte, wo die Nadel immer wieder an dieselbe Stelle zurückspringt.

Dazu gesellen sich glaubhaft wirkende Emotionen, die dieses anstrengende Geschehen noch verstärken. Gedanken und Emotionen erzeugen ein inneres Drama und die Vorstellung, dass wir vom Leben getrennte Individuen sind. Durch diese Illusion werden unsere Gesundheit und unser Lebensgefühl extrem belastet.

Um den anstrengenden Ballast des Lebens loszuwerden, habe ich Ihnen ein Programm aus einfachen Übungen für Körper und Geist zusammengestellt. Die Übungen helfen Ihnen dabei, die inspirierende Fülle eines einheitlichen Lebens zu spüren und während Ihres normalen Alltags zu authentischem Glück zurückzufinden. Wenn Sie wieder vollen Kontakt zur Tiefe des Seins haben, fühlen Sie sich nicht mehr isoliert, sondern geborgen und mit allem verbunden. Sie nehmen vieles gelassener wahr, weil Sie selbst freundlicher und gelassener werden. Aufgaben gehen Ihnen leichter von der Hand, vorhandene Konflikte lösen sich auf, und plötzlich bemerken Sie, wie Sie sich wieder an den einfachen Dingen erfreuen können. Das Gefühl, dass etwas im Leben fehlt, verschwindet, und manche Wünsche erfüllen sich wie ein kleines Wunder.

Die Übungen haben sich in meiner langjährigen Praxis als spiritueller Lehrer und Heilpraktiker als sehr wertvoll dafür erwiesen, zu mehr Bewusstsein zu gelangen. Bis auf wenige Ausnahmen können Sie sie jederzeit und überall ausprobieren: zu Hause, draußen, in der Sauna oder im Büro. Ich habe die Reihenfolge der Übungen bewusst gewählt, aber Sie können sie gern verändern. Bitte legen Sie nach jeder Übung eine Pause ein, damit Sie die neuen Erkenntnisse integrieren können. Machen Sie erst danach mit der nächsten Übung weiter. Die Erfahrung zeigt, dass dieses Vorgehen am wirksamsten ist. Sie werden schnell ein Gefühl dafür entwickeln, was Ihnen guttut.

Gelegentlich finden Sie eine Zeitangabe oder eine Empfehlung zur Wiederholung. Das sind nur Richtwerte, und Sie brauchen sich nicht zwingend daran zu halten. Jeder Mensch hat sein eigenes Tempo. Führen Sie die Übungen so durch, dass Sie sich wohlfühlen. Es kann sein, dass einige Abschnitte in diesem Buch Widerstand in Form von Müdigkeit oder Ungeduld auslösen. Sollte das geschehen, empfehle ich Ihnen, alles wertfrei zu fühlen und zu akzeptieren. Durch die Bereitschaft, sich auf Neues einzulassen, kann eine erfüllende Freude in Ihnen aufsteigen. Dann werden Sie aus tiefstem Herzen erkennen, was Ihr Leben leuchten lässt!

Alles Liebe
Ihr Dirk Hessel

Die Übungen

Die Dinge kommen und gehen

Regelmäßig in Stille zu sitzen, ist die wichtigste spirituelle Übung, weil dadurch die Bereitschaft aktiviert wird, sich allem zu öffnen, was sich zeigen will. Es ist nicht dasselbe wie Meditation, in der sich die Aufmerksamkeit häufig auf eine bestimmte Sache richtet, z. B. ein Symbol oder einen Klang. Ehe man es sich versieht, wird Meditation zu einer spirituellen Arbeit, mit der etwas erreicht werden soll. Und das verstärkt die Illusion eines individuellen Ich, das ein bestimmtes Ziel erreichen will. Das Sitzen hingegen, ohne Anstrengung und ohne Ziel, ist eine einfache und sehr wirksame Übung, weil sie den Glauben an ein getrenntes, individuelles Dasein auflösen kann.

ÜBUNG

Setzen Sie sich einmal am Tag 7 Minuten lang bequem auf einen Stuhl oder in einen Sessel. Eine bestimmte Meditationshaltung ist nicht erforderlich. Lehnen Sie sich entspannt zurück, schließen Sie die Augen, und legen Sie Ihre Hände auf den Oberschenkeln ab. Weiter brauchen Sie nichts zu tun. Seien Sie still und gelassen, und beobachten Sie, was im nächsten Moment in Ihrem Inneren und im Außen auftaucht. Beispielsweise können Sie Bilder, Gedanken und Gefühle wahrnehmen. Vielleicht hören Sie auch Geräusche von draußen, wie den Gesang der Vögel oder den Straßenverkehr. Alle Wahrnehmungen sind gleichwertig. Verdrängen und kommentieren Sie sie nicht. Lassen Sie alles genau so da sein, wie es bereits ist.

AHA-EFFEKT

Zunächst kann es sein, dass beim Sitzen der Geist unruhig wird und noch mehr Gedanken durch Ihren Kopf schwirren. Vielleicht verspüren Sie auch den Drang, aufzustehen und etwas anderes zu tun, als einfach nur »herumzusitzen«. Denken Sie bitte daran, diese Übung regelmäßig durchzuführen. Die Regelmäßigkeit ist wichtiger als die Dauer, weil Sie mit jeder Durchführung Inspiration und inneren Frieden gewinnen und den Kanal zu Ihrer eigenen Erkenntnisquelle stabilisieren können. Wenn Sie mit dem regelmäßigen Sitzen beginnen, werden Sie wahrscheinlich zunächst mit Ihrer Ungeduld konfrontiert werden und sich fragen, was das alles soll. Doch wenn Sie am Ball bleiben, wird sich Ihnen der wahre Wert dieser Übung schnell zeigen. Möglicherweise werden Sie auch immer länger sitzen, weil Sie es als angenehm empfinden. Schon bald bemerken Sie eine Gemeinsamkeit zwischen dem sogenannten Innen und dem sogenannten Außen: Egal, was und wo es ist, alles kommt und geht und verändert sich ständig. Durch diese Übung erkennen Sie das Einssein aller Dinge im Inneren wie im Äußeren. Das führt zu einer tiefen Verbundenheit zwischen Ihrer wahren Natur und der Welt.

Im Alltag gegenwärtig sein

Sie stehen drinnen vor Ihrer Haustür, haben Schuhe und Jacke angezogen und die Wohnungsschlüssel in der Hand. Sie öffnen die Tür und wollen rausgehen, doch plötzlich kommt Ihnen der Gedanke: »Moment, habe ich den Herd ausgestellt? Und das Fenster zugemacht?« Sie gehen zurück in die Küche und stellen erleichtert fest, dass Sie vergeblich nachgeschaut haben, denn alles ist in Ordnung. Leicht irritiert fragen Sie sich: »Wann habe ich das Fenster geschlossen? Ich kann mich gar nicht daran erinnern.« Darüber nachdenkend verlassen Sie die Wohnung. Kommt Ihnen diese Situation bekannt vor?

Solche Dinge geschehen durch unbewusstes Dasein in einer milden Form. Wenn Sie nicht mit voller Achtsamkeit bei dem sind, was Sie gerade tun, erleben Sie den gegenwärtigen Moment nicht bewusst, sondern erledigen Ihre Angelegenheiten achtlos und mechanisch. Sie verpassen das bunte und schöne Leben. Und abgesehen davon, könnten Sie sich und andere Menschen in Gefahr bringen, wenn Sie geistig abwesend sind.

ÜBUNG

In unserem Alltag ist bewusstes Dasein sehr hilfreich. Stellen Sie bewusst den Regler des Herds aus, und schließen Sie bewusst das Fenster. Dann brauchen Sie nicht zurückzugehen, um alles zu kontrollieren. Übernehmen Sie die Haltung der Achtsamkeit in alle Tätigkeiten des gesamten Tages: Steigen Sie bewusst die Treppen hinauf und hinab, räumen Sie achtsam auf, und erledigen Sie auch im Job alle anfallenden Aufgaben bewusst.

Finden Sie heraus, wo Ihre Achtsamkeit jetzt in diesem Moment ist. Vielleicht sagen Sie: »Ich lese gerade dieses Buch, was sonst?« Das stimmt, der Hauptfokus Ihrer Aufmerksamkeit liegt wahrscheinlich auf dem Lesen. Vielleicht registrieren Sie nebenbei auch noch andere Dinge, wie das Summen eines elektrischen Gerätes, den Rasenmäher des Nachbarn oder das Herumtoben Ihrer Kinder. Wenn Sie diese Zeilen lesen, wissen Sie dann auch, wie es Ihren Händen und Ihren Füßen geht? Sind sie kalt oder warm, kribbeln sie, oder sind sie gefühllos? Was geht zurzeit in Ihrem Körper vor? Ich nehme an, dass Sie das Lesen jetzt kurz unterbrochen haben, um das zu überprüfen.

AHA-EFFEKT

Ich möchte Sie hier auf die Methode aufmerksam machen, gleichzeitig einen Teil Ihrer Aufmerksamkeit im Körper halten zu können, während Sie andere Tätigkeiten ausführen. Wenn Sie Ihren Körper von innen heraus spüren, reduziert sich der Gedankenfluss. Es wird ruhiger in Ihrem Kopf und in Ihrem Körper. Wenn Sie achtsam sind bei dem, was Sie tun, und währenddessen einen Teil Ihrer Aufmerksamkeit im Körper belassen, verankern Sie sich bewusst im Hier und Jetzt. Weil Sie nicht mehr so viel denken, erfahren Sie jeden Tag in einer neuen, frischen Lebendigkeit. Dass Sie hierbei Erfolg haben, werden Sie wissen, wenn Sie mehr Gelassenheit, Vertrauen ins Leben und innere Stille verspüren.

Lebendigkeit im Körper spüren

Viele Menschen, gerade in der westlichen Welt, leben fast ausschließlich in ihrem Kopf. Der Kontakt zwischen fühlendem Körper und Verstand ist bei uns fast abgerissen, und dadurch entgeht uns die inspirierende Fülle unseres Lebenspotenzials, aus der wir in ausbalanciertem Zustand zwischen Körper und Geist voll schöpfen könnten. Und so kommt uns das Leben häufig nur sehr oberflächlich und hohl vor, weil es uns nicht mehr berühren kann.

Um uns zu schützen, haben wir vor langer Zeit viele unangenehme Gefühle verdrängt und wollen sie jetzt nicht mehr fühlen, weil sie uns Angst machen. Dabei kann die Fülle des Lebens nur wahrgenommen werden, wenn alle Gefühle im bunten Wechsel wie ein farbenfroher Blumenstrauß auftauchen dürfen. Wenn wir uns das erlauben, entfällt die Strenge gegen uns selbst und unsere Mitmenschen. Wenn wir uns selbst wieder spüren können, können wir auch die Gemeinsamkeiten mit anderen Menschen wahrnehmen. »Ich bin dasselbe wie der andere.« Wenn Sie das fühlen, erfahren Sie die bedingungslose Liebe, die keine Unterschiede kennt und die Sie vielleicht schon lange suchen. Diese Übung hilft Ihnen dabei, mit Ihrem Körper wieder in vollständigen Kontakt zu kommen.

ÜBUNG

Schließen Sie Ihre Augen, und stellen Sie sich folgende Frage: »WOHER WEISS ICH, DASS ICH EINE RECHTE HAND HABE?« Achten Sie nun darauf, was geschieht. Möglicherweise kommt eine gedankliche Antwort, die in etwa so lautet: »Ich weiß, dass ich eine rechte Hand habe, weil ich sie vorhin noch gesehen habe.« Diese Antwort ist nicht das Endergebnis dieser Übung. Hier geht es darum, wieder ins Fühlen zu kommen. Stellen Sie sich bitte die Frage erneut, und achten Sie darauf, ob Sie etwas fühlen können.

AHA-EFFEKT

Vielleicht können Sie jetzt bemerken, dass Ihre rechte Hand kribbelt oder warm wird. Auf diese Weise können Sie Ihre Hand von innen fühlen. Wenn Ihnen das gelungen ist, gratuliere ich Ihnen herzlich dazu, denn das ist der erste Schritt, wieder bewusster in Ihrem Körper zu Hause zu sein. Diese Übung können Sie ganz nach Lust und Laune variieren und sich beispielsweise fragen: »Woher weiß ich, dass ich zwei Füße habe?« Wenn Sie etwas sicherer mit Ihren Körperempfindungen geworden sind, können Sie nach und nach den gesamten Körper in diese Übung einbeziehen. Sie werden zunächst feststellen, dass Sie viele verschiedene Körperteile haben. Dann werden Sie bemerken, dass es nicht verschiedene Teile sind, sondern nur ein einziger Körper. Je bewusster Sie Ihren Körper von innen bewohnen, desto stärker sind Sie im Hier und Jetzt verankert. Wenn Sie nicht nur tun, was Sie tun, sondern auch fühlen, was Sie tun, eröffnet sich Ihnen eine ungeahnte Lebensqualität. Sie sind verbunden im Sein, im Handeln und mit der ganzen Welt.

Welches Problem habe ich jetzt?

Angenommen, Sie sind berufstätig und Ihre Firma meldet plötzlich Insolvenz an. Sie fühlen sich hilflos und wissen nicht, was Sie tun sollen. Vielleicht denken Sie: »Jetzt habe ich ein Problem! Wie soll es bloß weitergehen?« Das Leben stellt uns ständig neue Herausforderungen, die manchmal ein Umdenken und eine Neuorientierung erfordern. Doch anstatt zu sagen »Ja, das ist jetzt so, was mache ich nun damit?«, denken wir meist »Das soll jetzt nicht so sein«. Dadurch bekämpfen wir die Gegenwart und machen uns Sorgen über eine Zukunft, die noch nicht eingetroffen ist. Anstatt aktiv zu handeln, lassen wir uns von der falschen Überzeugung lähmen, ein Problem zu haben. So entsteht ein anstrengender Spagat zwischen unserer Gedankenwelt und der im Außen erscheinenden Realität. Doch weil alles Leben nur in der Gegenwart stattfindet und wir nicht wissen, was warum geschieht, ist es unsere Aufgabe, das Beste aus dem jetzigen Moment zu machen.

ÜBUNG

Stellen Sie sich folgende Fragen: »Wenn ich zurzeit keinen starken körperlichen Schmerz empfinde, worin besteht dann mein gegenwärtiges Problem? Ist es wirklich konkret vorhanden, oder sind es nur Gedanken und Gefühlsmuster, die mich jetzt beschäftigen? Scheint gerade draußen die Sonne, oder ist es wolkig? Was ist wirklich in diesem Moment? Wo ist mein Problem genau jetzt, in diesem Moment?«

AHA-EFFEKT

Im Beispiel mit der insolventen Firma wissen Sie im Moment nicht, wie es weitergehen soll, und dieser Gedanke bedrückt Sie. Vielleicht sitzen Sie gerade auf dem Balkon und trinken einen Kaffee, während Sie über Ihre berufliche Situation nachdenken. Ihr Ich fühlt sich bedroht, während draußen die Sonne scheint. Und wenn Sie sich jetzt umschauen würden, könnten Sie vielleicht die Bäume sehen oder Vögel, die am Himmel vorbeiziehen. Wo ist Ihr Problem in diesem Moment?

Ein Problem entsteht nur als gedankliche Form in Ihrem Kopf und ist nicht real, weil Sie nicht wissen können, was zukünftig geschehen wird. Ein Problem wird also nicht durch eine bestimmte Lebenssituation erzeugt, sondern es ist der Glaube an unsere falschen und sorgenvollen Gedanken, die zu einem bestimmten Thema in uns auftauchen. Unbewusst denken wir oft: »Das soll jetzt nicht so sein.« Doch es soll alles so sein. Warum? Weil es bereits so ist! Der Himmel ist blau, weil er blau sein soll, und die Sonne scheint, weil sie scheinen soll. Wissen wir wirklich, wozu etwas dient? Wir sind Bestandteil des einen Lebens. Kann eine Welle im Ozean den ganzen Ozean nach ihrem Willen verbiegen? Wenn wir diesen Kampf aufgeben und uns dem Leben hingeben, entfallen viele Probleme. Das bedeutet aber nicht, dass uns das Leben dann keine weiteren Herausforderungen mehr stellt. Das tut es weiterhin, weil auch das ein Bestandteil des Lebensspiels ist. Doch nun betrachten wir diese Herausforderungen nicht mehr als Problem, das gelöst werden muss. Wenn wir unsere Gedanken nicht mehr so ernst nehmen und ihnen nicht mehr glauben, werden wir von vielen Sorgen und Zwängen befreit. Die zunehmende geistige Freiheit bewirkt eine zunehmende Freiheit in unserem täglichen Leben. Wir haben kein Problem, weil wir die Gegenwart haben, in der wir handeln können. Jetzt können wir tun, was wir uns wirklich wünschen.

Der Apfel

Zusammen mit dem Körper bilden unsere inneren Bilder, Gedanken und Gefühle eine scheinbare Person, mit der wir uns seit unserer Kindheit identifizieren. Weil wir glauben, diese Person zu sein, hinterfragen wir ihre Wirklichkeit nicht. Irrtümlicherweise setzen wir so unser Innenleben mit unserem wahren Selbst gleich und halten fast alle auftauchenden gedanklichen Aussagen für wahr – vor allem die, in denen ichbezogene Wörter wie »ich«, »mir«, »meins« oder »meine« vorkommen. Doch der Gedanke »Ich muss noch dieses oder jenes tun« in Ihrem Kopf bedeutet nicht, dass Sie tatsächlich etwas tun müssen. Es sind nur auftauchende Buchstaben, die zufällig diese scheinbar wichtigen Worte ergeben. Wir können uns von diesem vertrauten, aber irreführenden Ablauf lösen, indem wir ihn beobachten und dadurch aufdecken. Gelingt uns das, wird uns schlagartig klar, dass unser Leben seit vielen Jahren durch Hirngespinste beeinträchtigt wird, die behaupten, Ich zu sein. Doch sie haben mit unserem wahren Wesen nichts zu tun.

ÜBUNG

Ich werde Ihnen nun einen Satz nennen. Bitte denken Sie ihn mit geschlossenen Augen dreimal. Dabei ist es egal, ob beim Denken des Satzes Buchstaben in Ihnen auftauchen, Bilder, Gefühle oder alles zusammen. Nachdem Sie den Satz gedacht haben, öffnen Sie die Augen, und lesen Sie weiter.

Schließen Sie Ihre Augen, und denken Sie dreimal: »DER APFEL HÄNGT AM BAUM.«

Haben Sie »Der Apfel hängt am Baum« dreimal gedacht? Woher wissen Sie, dass Sie den Satz dreimal gedacht haben? Forschen Sie nach einer Antwort, und lesen Sie erst dann weiter.

Vielleicht antworten Sie, dass Sie mitgezählt, den Satz innerlich gehört oder Bilder von einem Apfel am Baum gesehen haben. Das stimmt zwar, aber womöglich haben Sie die wichtigste Erkenntnis aus dieser Übung noch nicht gewonnen. Deshalb folgen nun zwei weitere Fragen: Wird das Auftauchen des Satzes in Ihnen, egal, in welcher Form, wahrgenommen? Gibt es so etwas wie einen »inneren, stillen Zeugen« in Ihnen, etwas, was das Denken des »Apfelsatzes« beobachtet hat? Probieren Sie es erneut, und forschen Sie nach.

AHA-EFFEKT

Wahrscheinlich werden Sie wieder sagen, dass der Apfel, in welcher Form auch immer, im Gewahrsein aufgetaucht ist. Durch diese Übung können Sie erkennen, dass Sie nicht Ihre Gedanken sind. Sie sind dasjenige, das die auftauchenden Inhalte, Gedanken und Gefühle, registriert. Sie sind das lebendige Gewahrsein und nicht nur dessen Inhalt. Daher ist es gleichgültig, was Gedanken und innere Bilder aussagen oder wie wichtig sie erscheinen. Wenn es in Ihnen denkt »Ich muss unbedingt noch einkaufen gehen« und sich das wahr anfühlt, dann deutet diese Aussage nicht auf Ihr wahres Selbst hin, dem noch Butter und Käse fehlen, sondern lediglich ein Gedanke samt Gefühl erscheint im Gewahrseinsfeld. Sie sind das namenlose Leben, das Gedanken, Gefühle und alle Geschichten still und unangreifbar beobachten kann. Dieses Leben ist das gesuchte wahre Selbst, das bisher durch die Fokussierung auf die Gedankenflut übersehen wurde und das die ersehnte Ruhe und Sicherheit ermöglicht.

Ich muss mal

Wir halten besonders die Gedanken für wahr, in denen die ichbezogenen Wörter »ich«, »mir«, »meins« oder »meine« vorkommen. Doch auch die Ich-Gedanken tauchen einfach spontan auf, und Sie sind dasjenige, das sie als stiller Zeuge beobachten kann. Mit dem Inhalt, der Ich-Botschaft des Gedankens, hat Ihre wahre Natur nichts zu tun. Sie sind weder ein ICH noch ein MUSS.

ÜBUNG

Erinnern Sie sich an die »Apfel«-Übung. Dieses Mal benutzen wir einen Satz, in dem die Wörter »ICH MUSS …« vorkommen.

Schließen Sie Ihre Augen, und denken Sie dreimal: »Ich muss es unbedingt noch schaffen, … (setzen Sie hier eine für Sie sehr wichtige Sache ein).« Beobachten Sie Ihr dazu erscheinendes Körpergefühl. Kommt Ihnen dieser Gedanke wichtiger vor als bei der neutralen Übung mit dem Apfel? Wie reagiert Ihr Körper? Ist Ihr Körperempfinden anders als bei der Übung mit dem Apfel?

AHA-EFFEKT

Wahrscheinlich erscheinen Ihnen dieser Gedanke und die Körperreaktion darauf wesentlich intensiver als bei der »Apfel«-Übung. Der Grund für die stärkere Gefühlsreaktion ist das Wort »Ich«, mit dem das Bewusstsein normalerweise vollständig identifiziert ist. Der unendliche Ozean glaubt, nur eine kleine, begrenzte Welle zu sein. In anderen Worten: Das Leben glaubt, nur eine kleine Person zu sein. In unserem Gewahrsein erscheinen viele Ich-Gedanken zusammen mit überzeugend wirkenden Emotionen. Alle Handlungszwänge werden durch auftauchende Gedanken und Gefühle verursacht, die durch den Anschein eines persönlichen Bezugs alle Aufmerksamkeit auf sich ziehen und uns etwas einreden wollen. Ich-Gedanken sind nicht das, was Sie in Wahrheit sind, deshalb beachten Sie sie bitte nicht. Die Erkenntnis, dass wir nicht unser Aufmerksamkeit heischendes Innenleben sind, befreit uns vom Glauben, etwas Bestimmtes unbedingt tun zu müssen. Das ist der Grund, warum ich in einer anderen Übung empfehle, die Wörter »sollen« und »müssen« dauerhaft aus dem Wortschatz zu streichen.

Ein hilfreicher Merksatz:
Glaub nicht alles, was du denkst!

Gedanken abschalten

Wenn wir in unserem Leben etwas ändern wollen, bringt uns das häufig zum sogenannten positiven Denken. Wir sind davon überzeugt, dass wir unsere »geistige Stube« einfach nur sauber halten müssen, damit keine seelischen und körperlichen Ungleichgewichte auftreten. »Wenn ich meine Gedanken unter Kontrolle habe, wird sich das positiv auf meine Worte, mein Handeln und mein Sein auswirken.« Schon oft haben wir solche Ratschläge gelesen. »Die Gedanken sind frei!« Dieses Zitat kennen Sie wahrscheinlich auch. Aber können Sie wirklich denken, was Sie wollen? Dazu folgt eine sehr kurze Übung.

ÜBUNG

Schalten Sie sofort alle Gedanken für 30 Sekunden ab.

AHA-EFFEKT

Haben Sie es geschafft? Wahrscheinlich nicht. Sie können nicht denken, was Sie wollen, denn Ihre Gedanken tauchen weiter unkontrollierbar auf. Der Verstand mit seinem überquellenden Gedankenstrom lässt sich nicht so einfach stoppen, weil Sie ihn nicht abschalten können. Das liegt daran, dass »in uns« gedacht wird und nicht wir als Person selbstständig denken. Das Leben ist der Schöpfer der Körper, samt aller Gedanken. Das Wichtigste ist hier die Bereitschaft, sich auf eine neue Perspektive einzulassen.

Wenn Sie akzeptieren, dass Sie nicht der Schöpfer der Gedanken sind, kann die Gedankenflut abnehmen und wesentlich mehr Wohlgefühl und Entspannung ins Leben gelangen. Meist wollen wir die Kontrolle im Leben haben, aber das Leben kontrolliert uns, und nicht umgekehrt. Das Leben hat sich auch als unsere Person für eine Zeit lang hier auf diesem Planeten manifestiert. Was wollen wir dann in der Zwischenzeit noch kontrollieren? Geburt und Tod aller Lebensformen liegen in der Hand des Lebens, aber nicht in der Hand einer scheinbaren Person.

Die paradoxe Frage

Vielleicht wünschen Sie sich, die Stille und Tiefe Ihrer wahren Natur kennenzulernen. Die Sehnsucht, das unsterbliche und liebende Sein zu fühlen, schlummert in jedem Menschen. Bewusst oder unbewusst, jeder will dorthin zurück, weil dieses Seinsgefühl unser Zuhause ist. Voraussetzung dafür ist geistige Stille, und obwohl wir unsere Gedanken nicht abschalten können, gibt es glücklicherweise einen Weg, das Innenleben still werden zu lassen.

ÜBUNG

Seien Sie bei dieser Übung bitte ganz spontan. Hier kommt es darauf an, dass Sie sich so wenig wie möglich darauf vorbereiten können. Ja, wirklich! Damit die Übung optimal wirkt, befolgen Sie ganz genau die folgende kurze Anweisung.

Setzen Sie sich hin, und beobachten Sie für ein paar Sekunden mit geschlossenen Augen Ihre auftauchenden Gedanken. Dann stellen Sie sich folgende Frage: »WELCHEN GESCHMACK HAT MEIN NÄCHSTER GEDANKE?« Achten Sie darauf, was direkt nach dieser Frage in Ihrem Inneren geschieht. Lesen Sie jetzt bitte nicht weiter, sondern führen Sie zunächst diese Übung durch. Haben Sie Vertrauen!

AHA-EFFEKT

Wenn ich meinem Geist eine paradoxe oder nicht beantwortbare Frage stelle, erscheint direkt nach der Frage eine kleine Lücke im Gedankenstrom, wie ein kleiner Gedankenabriss. Das geschieht deshalb, weil der Verstand mit der Frage nicht umgehen kann und ins »Stolpern« gerät. Falls Sie die Lücke bereits bemerkt haben, ist das wunderbar. Falls Sie die Lücke zwischen den Gedanken noch nicht beobachten konnten, stellen Sie sich die Übungsfrage erneut. Alternativ können Sie sich auch eine andere paradoxe Frage ausdenken, von der Sie ahnen, dass sie nicht zu beantworten ist. Es kann auch etwas »Verrücktes« sein, z. B.: »Warum tanzen Wale gern Walzer?« Die Hauptsache ist, dass Ihr Verstand für eine kurze Zeit stillsteht. Wenn Sie sich die Frage im Inneren stellen, achten Sie bitte wieder darauf, ob eine Lücke zwischen Ihren Gedanken auftaucht. Die kleine Lücke im unablässigen Gedankenstrom zu entdecken, ist von großer Bedeutung, weil sich in ihr das wahre Wesen des Seins verbirgt.

Wenn Sie erneut in Stille sitzen, wissen Sie nun, wohin Sie schauen müssen. Je mehr Sie auf die Zwischenräume in Ihren Gedanken achten, desto größer werden sie. Die Stille in Ihnen nimmt zu, und die lauten Gedanken werden weniger. Das Bewusstsein wird sich seiner selbst bewusst und schafft sich zunehmend mehr Raum. Ihre Gedanken sind nun wie oberflächliche Wellen auf dem Ozean, die kommen und gehen. Der tiefe Ozean selbst, das Leben, das Sein, Ihre wahre Natur, bleibt unbeeindruckt vom Treiben auf der Oberfläche still und zeitlos beständig. Genießen Sie diese Stille, die Sie selbst sind!

Stress loswerden

Sie kennen es wahrscheinlich auch: Sie befinden sich zu Hause oder auf der Arbeitsstelle, und Sie haben das Gefühl, die Zeit rennt Ihnen davon. Ihr Herzschlag und Ihr Puls gehen schneller, und Sie sind nervös. Mit anderen Worten: Sie haben Stress. Das Thema »Stress« ist in aller Munde, und es gibt viele Tipps, wie wir mit vorhandenem Stress umgehen sollen. Doch nur selten wird über die wirkliche Ursache von Stress gesprochen. Wieso reagieren wir auf das tägliche Leben, das endlos und unkontrollierbar stattfindet, so häufig mit seelischer und körperlicher Belastung? Ich möchte Ihnen nun eine Definition von Stress an die Hand geben, mit der Sie die Ursache der scheinbar unvermeidbar stressigen Situation erkennen können:

Stress ist eine mit Verärgerung angereicherte Angespanntheit, hinter der sich Ungeduld verbirgt und der Glaube, etwas Bestimmtes unbedingt schaffen zu müssen.

Wenn wir gestresst sind, möchten wir in dieser Situation schon woanders sein, wir wollen etwas schon erledigt haben, und das Nächste erscheint uns wesentlich wichtiger als der jetzige Moment. Wir haben keine Zeit, denn in uns läuft ein Gedanke ab, der uns ständig antreibt: »Ich muss das noch schaffen!« Dieser Gedanke ist bewusst oder unbewusst in uns vorhanden, und wir schenken ihm meist vollkommenen Glauben.

ÜBUNG

Wenn Sie sich in einer stressigen Situation befinden, achten Sie darauf, was Sie währenddessen denken und fühlen. Entdecken Sie in sich den vorhandenen Widerstand gegen den jetzigen Moment, und akzeptieren Sie, dass Sie ihn haben. Sie brauchen zunächst nichts weiter zu tun, als anzuerkennen, dass etwas in Ihnen sagt: »Ich möchte schon woanders sein« oder »Das hier soll nicht so sein, es soll anders sein«.

AHA-EFFEKT

Wenn Sie den jetzigen Moment willkommen heißen und ihn nicht ablehnen, kann sich der vorhandene Widerstand auflösen. Sie erkennen, dass es nicht die Situation ist, die Sie stresst, sondern Ihr Innenleben, das behauptet, die Situation solle anders sein. Wir leisten Widerstand gegen die Gegenwart, und dieser Widerstand erzeugt Stress in unserem Leben. Und weil das Leben trotz größter Anstrengung nicht das macht, was wir wollen, fühlen wir uns zusätzlich hilflos und verärgert. Sobald wir diesen gedanklichen Mechanismus in uns entdecken und als wirksam akzeptieren können, haben wir einen wesentlichen Schritt in Richtung Gelassenheit getan. Wir werden achtsam und präsent für unser Innenleben.

Sagen Sie in einer anstrengenden Situation:
»Ja, das ist jetzt so.
Was mache ich jetzt damit?«

Indem Sie dem Leben jederzeit ein »Ja« geben, schaffen Sie Freiraum für neue Handlungsmöglichkeiten, und der Stress kann gehen.

Übung in Geduld

Sie stehen im Supermarkt in einer Schlange vor der Kasse. Die Personen vor Ihnen haben ihre Einkaufswagen vollgepackt, aber Sie haben nur drei Teile in der Hand. Es stockt, niemand lässt Sie vor, und die Kassiererin sortiert in aller Seelenruhe neues Kleingeld in die Kasse ein. Ihr Vordermann hat etwas vergessen und läuft los, um es noch zu holen. Sie bemerken, wie sich etwas in Ihrem Bauch zusammenzieht und Ihre Finger beginnen, unruhig auf der Milchpackung zu trommeln. Ungeduld.

Hinter diesem Zustand der nervösen und mit Verärgerung vermischten Angespanntheit verbirgt sich Hilflosigkeit, denn Sie haben das Gefühl, in dieser Situation gefangen zu sein und nicht schnell genug aus ihr herauszukommen. Das Warten stört Sie, weil in Ihrem Kopf Geschichten über Dinge ablaufen, die Sie viel dringender erledigen müssten. Alles andere scheint wesentlich wichtiger zu sein als der jetzige Moment. Aber stimmt das? Vielleicht entwickelt sich in der Schlange ein wertvolles Gespräch zwischen Ihnen und einem anderen Wartenden. Sie könnten in diesen scheinbar nutzlosen Minuten eine hilfreiche Information erhalten, die Sie auf eine neue Idee für Ihr Privat- oder Berufsleben bringt. Oder jemand aus der Schlange schenkt Ihnen einfach ein freundliches Lächeln. Und falls das nicht geschieht, können Sie sich immer noch in Ruhe die bunte Vielfalt des Lebens in einem Supermarkt anschauen.

Ungeduld hat nichts mit dem zu tun, was gerade stattfindet. Eine Kluft zwischen der derzeitigen Situation und Ihrem gegensätzlich erscheinenden inneren Geschehen erzeugt eine Anspannung, von der Sie glauben, dass sie gerechtfertigt ist. Doch dahinter stehen wieder nur die eigenen Gedankengeschichten samt passenden Körperempfindungen, die Sie aus der Gegenwart heraus in eine andere Zeit oder an einen anderen Ort locken wollen.

ÜBUNG

Ersetzen Sie das Wort WARTEN in Gedanke, Wort und Schrift dauerhaft durch ABWARTEN. Anstatt ungeduldig zu sagen »Ich warte«, bleiben Sie gelassen und sagen nun: »Ich warte ab.« Akzeptieren Sie das Hier und Jetzt, und lassen Sie das Leben geschehen. Die Ungeduld kann natürlich wieder auftauchen, und dann sind vielleicht folgende Fragen hilfreich: »Könnte ich jemals woanders sein als hier und jetzt?« und: »Ist es nicht immer hier und jetzt, egal, wo ich mich befinde?«

AHA-EFFEKT

Eine kleine Haltungsänderung kann zu großer Gelassenheit im Leben beitragen.

Ein hilfreicher Merksatz:
Du kannst den Fluss nicht schieben!

Übungstage für die Sinne

Unsere Gedankenwelt hat eine Eigenschaft, die wir normalerweise nicht wahrnehmen: Sie ist »magnetisch«. In Bezug auf die Sinne »Hören«, »Sehen«, »Fühlen«, »Riechen« und »Tasten« könnte das Denken als harmonische Ergänzung stattfinden, jedoch haben viele unserer Gedanken den Anschein eines persönlichen Bezugs. Zusammen mit Emotionen wirken sie wie ein starker Magnet, ziehen einen großen Teil unserer Aufmerksamkeit an und nehmen sie in Beschlag. Und weil wir wie hypnotisiert auf unser inneres Geschehen hören und ihm glauben, sitzen wir in der Falle eines unbewussten Daseins.

Beobachten Sie einmal Ihre Umwelt. Viele Leute haben einen abwesenden Blick, wirken gehetzt oder starren dauernd auf ihr Handy. In diesem Zustand lebt man an der Fülle des Daseins vorbei. Ein unaufhörlicher Gedankenstrom hat die Kontrolle übernommen und sorgt für eine überhöhte Lebensgeschwindigkeit mit wenig Achtsamkeit für die Gegenwart. Eine erhebliche Einschränkung der Sinneswahrnehmungen ist die Folge, und auch Krankheiten können entstehen, weil das übermäßige und meist negativ geprägte Denken eine große Belastung für Körper und Geist darstellt. Wir haben verlernt, unsere Sinnesorgane richtig zu nutzen und die Sinneseindrücke in aller Ruhe zu genießen. Man könnte sagen, dass wir unser wundervolles Körperinstrument zu oft in der Ecke stehen und verstauben lassen, und dem Leben kaum noch eine Chance geben, in vollem Umfang darauf zu spielen. Die folgende Übung kann das ändern.

ÜBUNG

Beginnen Sie an einem beliebigen Wochentag, beispielsweise dem Montag, und stellen Sie sich folgende Frage zum Tagesbeginn: »WAS SEHE ICH HEUTE?« Ihr Ziel ist es an diesem Tag, in Ihrem gewöhnlichen Alltag drei Dinge neu zu entdecken, die Sie vorher nicht wahrgenommen haben. Es ist egal, um was es sich handelt. Das kann die Pflanze im Büro Ihres Kollegen sein, das neue Auto Ihres Nachbarn, das Spinnennetz samt Spinne, das sich in der Ecke Ihres Flures befindet, eine Lichtspiegelung auf einem Glas, der Tautropfen auf einem Blatt, eine schöne Wolkenformation am Himmel … Werden Sie achtsam für Ihre Umgebung, und überprüfen Sie am Abend, ob Sie daran gedacht haben, drei neue Dinge zu entdecken.

Am nächsten Tag, dem Dienstag, ist das nächste Sinnesorgan dran. Fragen Sie sich morgens: »WAS HÖRE ICH HEUTE?« Ihr Ziel ist es an diesem Tag, in Ihrem gewöhnlichen Alltag drei Dinge zu hören, die Sie vorher nicht gehört haben. Das kann das Zwitschern eines Vogels sein, Stimmen im Bus, das Rauschen eines Baches, das Lachen von Kindern auf dem Spielplatz … Werden Sie auch jetzt wieder achtsam für Ihre Umgebung, und überprüfen Sie am Abend, ob Sie daran gedacht haben, drei neue Dinge zu hören.

Führen Sie diese Übungen die folgenden drei Tage jeweils mit dem Riechen, dem Fühlen und dem Schmecken fort, und werden Sie sich dabei eines bewusst: Das scheinbar gewöhnliche Leben bietet sehr viel Außergewöhnliches und Schönes, und zwar jeden Tag. Versuchen Sie, nichts von dem, was Sie wahrnehmen, gedanklich zu kommentieren oder zu interpretieren. Schauen Sie direkt hin, und fühlen Sie nur.

AHA-EFFEKT

Dieses »direkte Erleben« fühlt sich womöglich etwas ungewohnt an. Das kommt daher, weil wir seit Jahrzehnten so konditioniert sind, jedes Geschehen sofort gedanklich zu kommentieren. Doch wenn wir das unterlassen, ist einfach alles so, wie es ist. Ohne eine Gegenleistung dafür zu erbringen, erhalten wir in jedem Moment unseres Daseins ein einzigartiges Geschenk. Die Sonne scheint für uns und wärmt uns, der Regen fällt und macht alles fruchtbar. Wir werden angelächelt, unser Sofa fragt nicht, warum es uns tragen muss, und der Tee schmeckt gut. Einfach so. Das Gewöhnliche ist das Außergewöhnliche, das, was wir schon immer gesucht haben. Vielleicht setzen wir uns einfach einmal hin, schauen uns in Ruhe um, staunen über die vielfältige Schönheit des Lebens und sagen: »Danke!«

Das Leben

Häufig denken wir: »Ich habe nur dieses Leben«, oder falls wir an Wiedergeburt glauben: »Ich habe im Moment nur dieses Leben.« Wir wollen aus unserem Leben etwas machen, denn im Hintergrund unseres Daseins lauert bereits die Angst vor dem Tod. Doch diese Angst beruht auf einem riesigen Irrtum, und nun werden wir ihn mit Bewusstheit beleuchten, damit er sich auflösen kann.

ÜBUNG

Schauen Sie sich nach einem Gegenstand um, der Ihnen gehört. Das kann beispielsweise ein Glas sein. Nun denken Sie den Satz: »Ich habe mein Glas.« Was würde mit Ihrer Person, Ihrem Ich, passieren, wenn Ihr Glas herunterfiele und zerbräche? »Nichts«, antworten Sie wahrscheinlich. »An meiner Person, an meinem Ich, würde sich durch das Fehlen des Glases nichts ändern.« Das stimmt natürlich, denn Ihr Ich hat mit dem gläsernen Objekt nichts zu tun. Es gibt anscheinend keine Verbindung, und das Wegfallen des Glases schädigt das Ich nicht. Aber was würde mit Ihrer Person, Ihrem Ich, passieren, wenn Ihr Leben wegfiele? Denken Sie bitte darüber nach.

AHA-EFFEKT

»Ich wäre tot« oder »Ich würde sterben«, sagen Sie nun wahrscheinlich. Das ist seltsam, denn der Gedanke bezüglich des Wegfalls Ihres Lebens unterscheidet sich im Aufbau nicht von dem Gedanken um Ihr Glas. Trotzdem wird im Fall des Glases das Ich in seinem Wesen nicht berührt, aber im zweiten Fall, in dem es um das Leben geht, stirbt es. Wie kann das sein?

Die Lösung dieses vermeintlichen Widerspruchs liegt in der Besonderheit des Lebens und in der Falschheit des Gedankens: »Ich habe ein Leben.« Wenn Sie ein Leben haben könnten wie ein Objekt, z. B. ein Glas, dürfte beim Wegfall des Lebens nichts passieren. Das Ich müsste auch hier erhalten bleiben, denn dann wäre ja auf der einen Seite das Ich und auf der anderen Seite das Leben. Das ist natürlich nicht so. Dieser scheinbare Widerspruch löst sich auf, wenn Ihnen Folgendes klar wird:

Sie haben kein Leben, Sie sind das Leben.

Sie können nicht jenseits des Lebens existieren, wie Sie jenseits eines Glases, Hauses oder Tisches existieren können. Demzufolge können Sie kein Leben haben. Sie können nur das Leben sein. Der Gedanke, dass wir ein Leben haben, ist falsch. Lange wurden wir vom Glauben in die Irre geführt, ausschließlich unser Körper und unser Verstand zu sein. »Wenn dieser Organismus zerfällt, ist alles vorbei.« Diese Vorstellung mag Ihnen vielleicht vertraut sein, dennoch hat sie nichts mit Ihrem wahren Wesen zu tun. Das Leben ist lebendig. Es ist weder Tod noch Sterben, weder Vergehen noch Ableben. Das Leben lebt, und es lebt immer weiter, das ist seine innerste Eigenschaft und Essenz. Es kann nicht ins Gegenteil verkehrt werden. Dass Sie lebendig sind, bedeutet, dass Sie Teil des Lebens sind und davon nicht unterscheidbar. Und das hat eine enorme Bedeutung: Sie sind das Leben, und Sie sind unsterblich.

Vielleicht überrascht Sie diese Erkenntnis, und Sie können sie nicht sofort annehmen. Machen Sie sich darüber keine Sorgen.

Fühlen Sie, was dieser Gedanke in Ihnen bewirkt:
Ich bin das Leben, und ich bin unsterblich.

Kommt jetzt vielleicht schon etwas Freude in Ihnen auf? Das Leben, das Sie sind, liest diese Worte, erinnert sich wieder und freut sich.

Selbstliebe

Einige unserer Eigenschaften mögen wir vielleicht nicht und lehnen sie deshalb ab. Doch wenn wir Aspekte von uns selbst und des Lebens ablehnen, lehnen wir das gesamte Leben ab, weil das Leben eins ist. Umfassende Selbstliebe kann sich erst entwickeln, wenn wir uns inklusive aller scheinbar negativen Eigenschaften vorbehaltlos akzeptieren. Das bedeutet auch, alle Gedanken und Gefühle widerstandslos anzunehmen. Obwohl wir es nicht gewohnt sind, ist es nicht schwer, unser Innenleben zu akzeptieren, denn das Leben hat uns bereits vollständig akzeptiert. Wie können wir uns da sicher sein? Es ist ganz einfach: Nur vom Leben Akzeptiertes kann im Leben erscheinen. Und Sie sind jetzt hier.

ÜBUNG I

Stellen Sie sich in Ihrer Alltagskleidung aufrecht und entspannt vor einen Spiegel, in dem Sie sich vollständig sehen können. Nun lassen Sie Ihren Blick langsam von Ihrem Kopf bis hinunter zu den Füßen wandern und wieder zurück nach oben. Entwickeln Sie sich selbst gegenüber eine wohlwollende Haltung, und schauen Sie sich noch einmal von oben bis unten an. Und nun blicken Sie sich für 7 Minuten in die Augen. Blinzeln Sie ganz natürlich weiter. Es handelt sich hier nicht um eine Meditationsübung in Konzentration!

Sich selbst für eine Weile anzuschauen, wird sich zunächst etwas seltsam anfühlen, und deshalb ist für diese Übung etwas Durchhaltevermögen notwendig. Wir sind es normalerweise nicht gewohnt, jemandem lange in die Augen zu schauen. Dieses Verhalten wird meist als grenzüberschreitend empfunden, es sei denn, wir haben eine sehr vertrauensvolle Beziehung zueinander. Nach einiger Zeit taucht vielleicht ein Gefühl von Beklommenheit auf. Es kann auch sein, dass etwas in Ihnen sagt: »Das ist mir zu albern.« Vielleicht fühlen Sie sich lächerlich, doch ich bitte Sie, diese Übung nicht vorzeitig abzubrechen. Wenige Minuten später könnte etwas Bedeutsames geschehen. Sie schauen sich an, und vielleicht empfinden Sie plötzlich ein Gefühl von Berührtheit oder Liebe. Dies ist vielleicht das erste Mal in ihrem Leben, dass Sie sich wirklich selbst sehen. Ohne, dass Sie etwas Besonderes gedacht oder getan haben, ändert sich plötzlich Ihr Gefühl für sich selbst zum Positiven hin. Ist das nicht wunderbar? Diese Übung war erfolgreich, wenn Sie Ihren eigenen Blick als angenehm und liebevoll empfinden. Wiederholen Sie die Übung, sooft Sie mögen.

ÜBUNG II

TEIL 1 »NEHMEN«

Stellen Sie sich erneut vor einen Spiegel, und tun Sie pantomimisch so, als ob Sie Ihrem Spiegelbild etwas wegnehmen wollten. Benutzen Sie dafür Ihre Hände und Arme, und greifen Sie in Richtung Ihres Spiegelbildes, um ihm etwas zu entreißen. Wiederholen Sie diese Geste mehrfach. Seien Sie wie ein erfahrener Schauspieler, und benutzen Sie Ihre Kreativität, um die Situation so glaubwürdig wie möglich zu gestalten. Betrachten Sie Ihr Spiegelbild und sich selbst, und spüren Sie in sich hinein, wie sich diese Situation anfühlt. Ist es ein angenehmes Gefühl? Zieht sich in Ihrem Körper etwas zusammen oder weitet sich etwas? Was geschieht mit Ihnen? Merken Sie sich dieses Gefühl, und beenden Sie nun diesen Teil der Übung.

TEIL 2 »GEBEN«

Bleiben Sie vor dem Spiegel stehen. Doch nun tun Sie bitte pantomimisch so, als ob Sie Ihrem Spiegelbild etwas geben wollen. Vielleicht formen Sie Ihre beiden Hände zu einer Schale, in der etwas Wertvolles liegt. Reichen Sie diese kostbare Gabe Ihrem Spiegelbild. Wiederholen Sie diese Geste mehrfach. Betrachten Sie wieder sich selbst und Ihr Gegenüber, und spüren Sie in sich hinein, ob Sie einen Unterschied zur »Nehmen«-Übung empfinden. Wie fühlen Sie sich jetzt? Zieht sich in Ihrem Körper etwas zusammen oder weitet sich etwas? Was geschieht mit Ihnen?

AHA-EFFEKT

Ich bin mir sicher, dass Sie einen wesentlichen Unterschied fühlen können. Wenn wir dem Leben etwas wegnehmen und es für uns behalten wollen, erzeugt das ein Gefühl von Enge und Abgrenzung. Doch sobald wir erkennen, dass wir die Fülle des Lebens selbst sind, entfallen das Gefühl des Mangels und der Wunsch, etwas unbedingt haben zu wollen. Wenn wir uns dem Leben öffnen und bereit sind, loszulassen und zu geben, kann sich unser Daseinsgefühl in Weite und liebevolle Geborgenheit wandeln. Durch wohlwollendes Handeln und das freundliche Betrachten dessen, was bereits da ist, können sich ablehnende Gefühle vollständig transformieren. Mit einer liebevollen Haltung sich selbst und dem Leben gegenüber sind positive Änderungen auf dem Weg zur fühlenden Erkenntnis sehr wahrscheinlich. Wenn Sie sich gestatten, so zu sein, wie Sie sind, gestatten Sie auch Ihren Mitmenschen, so zu sein, wie sie sind. Sie spüren plötzlich, dass alle Menschen dasselbe sind wie Sie. Das Beurteilen, das Haben-Wollen und die Angriffe hören auf. Und das ist wahrhaftige Liebe.

Du wurdest erschaffen als Teil des Lebens, denn du bist hier und lebendig. Das Leben liebt dich, weil es dich erwünscht und dein Dasein bewirkt hat. Das ist der unmittelbare Beweis für deine Bedeutung, deinen Wert und auch dafür, wie sehr geliebt du bist. Dem kannst du weder etwas hinzufügen noch etwas nehmen. Das Leben hat das Steuer in der Hand und nicht du. Darum darfst du dich jetzt entspannen, das Leben lieben und tun, was du willst.

Das Leben ins Fließen bringen

Das illusionäre Ich, das Ego, besteht hauptsächlich aus Angst. Und weil es glaubt, dass natürliche Gefühle wie Lebensfreude, Trauer oder Wut es umbringen würden, werden diese starken Gefühlsenergien unterdrückt, obwohl sie einen Kanal brauchen, durch den sie sich ausdrücken können. Ist der Kanal durch die Angst und Starrheit des Egos blockiert, wenden sich die Gefühle nach innen und stapeln sich sozusagen aufeinander. Sie verfestigen sich wie ein zusammengepresstes Kohleflöz. Depressionen, Schmerzen, Autoimmunkrankheiten, Tumorleiden und weitere Erkrankungen können die Folgen sein.

Eine Möglichkeit, die Gefühle wieder ins Fließen zu bringen, besteht in folgender Übung. Hier geht es darum, die auftauchenden Gefühle wahrzunehmen und anzunehmen, ohne sie verändern oder besänftigen zu wollen. Diese Bereitschaft ist der natürliche Kanal, den ich erwähnte. Vielleicht gibt es auch bei Ihnen verdrängte Gefühle, die Sie bisher nicht anzuschauen wagten, weil Sie Angst vor ihnen haben. Diese Übung braucht etwas mehr Zeit und ermöglicht es Ihnen, zu erfahren, dass Ihre Gefühle Sie weder umbringen wollen noch können, sondern Ihnen den Weg zu mehr Freiheit und Gesundheit weisen.

ÜBUNG

Stellen Sie für etwa 1 Stunde alle Störquellen wie Telefon oder Haustürklingel ab. Legen Sie sich an einem für Sie sicheren und bequemen Ort hin. Das kann Ihr Sofa sein, eine Matte auf dem Boden oder Ihr Bett im Schlafzimmer. Es ist wichtig, dass Sie sich geborgen fühlen und ungestört sind. Wenn Sie bequem liegen, schließen Sie Ihre Augen und atmen sanft durch die Nase in den Bauch ein und aus. Wenn das nicht geht, atmen Sie einfach durch den leicht geöffneten Mund. Seien Sie achtsam, und beobachten Sie, wie sich Ihre Bauchdecke langsam hebt und senkt. Machen Sie sich keine Gedanken darüber, ob Sie die Atmung richtig durchführen. Sie sorgt für sich selbst. Seien Sie gelassen. Nun sagen Sie entweder laut oder gedanklich: »ALLES, WAS AN GEFÜHLEN IN MIR IST, DARF JETZT HIER SEIN.« Hierdurch erzeugen Sie die innere Haltung, dass alles auftauchen darf, ohne beurteilt oder verurteilt zu werden.

Falls Sie vor einem Thema Angst haben, sprechen Sie zu ihr und sagen: »Liebe Angst, du darfst jetzt hier sein.« Benutzen Sie eigene Worte, falls sie Ihnen passender erscheinen. Bleiben Sie gelassen, und atmen Sie weiter. Haben Sie keine Angst vor der Angst. Die Angst davor, was passieren wird, wenn sie auftaucht, ist meist größer als das verborgene Gefühl selbst. Sie überleben alles, was sich zeigen will.

Gehen Sie liebevoll mit den auftauchenden Gefühlen um, und begrüßen Sie sie wie eigene Kinder, die sich nur Beachtung wünschen. Schauen Sie die Gefühle an, fühlen Sie sie vollständig, und bleiben Sie in Ihrer fürsorglichen Haltung, dann werden die Gefühle kommen und wieder gehen. Sie haben Sie bis zu diesem Punkt im Leben begleitet, und nichts konnte jemals anders sein. Verdrängte Gefühle erfüllen eine Funktion, die wir nicht vollständig begreifen können. Es ist jetzt an der Zeit, sie zu fühlen und ihnen dankbar zu sein. Wichtig ist, dass die Gefühle stattfinden, und nicht, warum sie stattfinden. Ein Nachgrübeln würde den integrativen Prozess stören.

Sollte beispielsweise ein Angstgefühl erscheinen, bleiben Sie aufmerksam. Denken Sie nicht. Fühlen Sie. Vielleicht gibt es ein Kältegefühl oder Kribbeln, das sich von den Füßen nach oben in den Körper ausbreitet. Seien Sie offen, und haben Sie die Haltung: »Aha, so fühlt sich meine Angst an. Hallo Angst, es ist schön, dass du da bist.« Akzeptieren Sie Ihre Gefühle, Tränen, auftauchende Gedanken und alle Reaktionen Ihres Körpers. Betrachten Sie alles wertfrei und mit spielerischem Interesse. Bleiben Sie gelassen, seien Sie innerlich ruhig, und atmen Sie weiter.

Nach einer Weile kann es sein, dass die Angst verschwindet und etwas Neues erscheint, vielleicht Trauer oder Wut. Verfahren Sie weiter wie beschrieben, und bleiben Sie bei Ihrer offenen Haltung. Es kann auch sein, dass sich die verborgenen Gefühle noch nicht zeigen wollen. Auch das ist in Ordnung, und immerhin gönnen Sie sich einen wertvollen Moment ganz für sich allein. Vielleicht wiederholen Sie die Übung in diesem Fall zu einem späteren Zeitpunkt. Doch sollten sich die Gefühle wie oben beschrieben zeigen, können sie auch wieder gehen, und schließlich kann etwas Neues auftauchen, mit dem Sie vielleicht nicht rechnen: Freude.

Wenn Sie spüren, dass Sie mit der Übung fertig sind, nehmen Sie noch ein paar bewusste, langsame und tiefe Atemzüge, öffnen wieder Ihre Augen und gehen mit stiller Zuversicht in den Tag.

AHA-EFFEKT

Alle Gefühle sind richtig und dürfen hier sein. Sie sind weder gut noch schlecht. Sie wollen Sie nicht umbringen, sondern zu Ihnen gehören, gesehen und gefühlt werden. Unter allen scheinbar negativen Gefühlen wie Angst, Wut oder Trauer liegt die Freude des Daseins. Sie erscheint, weil Sie sich nach dem Durchdringen der vielen Schichten der Gedanken und Emotionen Ihrer wahren Natur bewusst werden. Es ist ein tief befriedigendes und sehr lebendiges Gefühl, das Ihnen zeigt, was Sie sind: das eine unsterbliche Leben, das sich wiedergefunden hat.

Der Denker

Meist haben wir eine nebulöse Vorstellung von dem sogenannten Verstand. Manchmal kommt er uns vor wie eine mysteriöse Blackbox, und manchmal glauben wir, genau zu wissen, wie wir innerlich ticken. Doch der Verstand ist nur eine spontane Aneinanderreihung von auftauchenden Gedanken, die vom Bewusstsein wahrgenommen werden. Hierin befinden sich auch Ich-Gedanken, die behaupten, für das Auftauchen anderer Gedanken verantwortlich zu sein. So entsteht das Gefühl eines individuellen Ich, das alles unter Kontrolle hat. Innerhalb dieses komplizierten Systems kann nicht erkannt werden, dass der scheinbare Denker nur aus Gedanken besteht, die selbst nichts ausrichten können. Doch alle Gedanken – und damit auch der Denker – werden vom Sein erzeugt. Diese Übung trägt dazu bei, zu mehr Klarheit über Ihr wahres Wesen zu gelangen.

ÜBUNG I

Setzen Sie sich für einen Moment an einem Ort hin, an dem Sie sich wohlfühlen und wo Sie ungestört sind. Nehmen Sie eine achtsame Haltung ein, so, wie eine Katze, die geduldig und aufmerksam vor dem Mauseloch sitzt und abwartet. Beobachten Sie Ihre Gedanken, wie sie kommen und gehen, und bewerten Sie sie nicht. Schließen Sie die Augen, und fragen Sie sich: »WOHER KOMMEN MEINE GEDANKEN?« Warten Sie ab. Vielleicht tauchen zunächst weitere Gedanken auf. Sie sind nicht die wahre Antwort auf Ihre Frage. Fragen Sie: »Woher kommen diese Gedanken?«, und warten Sie wieder ab, was geschieht.

AHA-EFFEKT

Womöglich erscheint jetzt ein Moment gedankenloser Stille in Ihnen. Diese Stille ist die Antwort auf Ihre Frage. Alle Gedanken kommen aus dieser Stille. Suchen Sie den Denker in sich, werden Sie niemanden finden. Gedanken erscheinen, aber kein Ich hat sie erschaffen. Das Ich ist selbst nur ein Gedanke. Das Leben, Sein oder Bewusstsein kreiert Gedanken in dieser Körperform, für die wir uns halten. Sie erscheinen aus der Stille, ohne einen Grund, den wir kennen oder verstehen könnten.

Doch Ihr wahres Selbst ist keine Kombination aus Körper und Gedanken. Sie sind das stille Bewusstsein samt aller darin erscheinenden Inhalte. Gleichzeitig ist es der sogenannte Beobachter der Gedanken. Wenn Sie einen bestimmten Satz denken, z. B.: »Die Tomate liegt auf dem Teller«, so taucht in Ihnen entweder dieser Satz in Buchstabenform oder vielleicht das Bild einer roten Tomate auf. Das Wahrnehmen des Auftauchens dieser

Inhalte findet statt. Sie sind aber nicht die Inhalte, sondern hauptsächlich dasjenige, das wahrnimmt. Wenn sich Ihre Aufmerksamkeit von den Inhalten löst und sich wieder dem »stillen Beobachter« zuwendet, werden Sie viele Inhalte nicht mehr so ernst nehmen. Wir denken ja nicht nur harmlose Gedanken wie »Die Tomate liegt auf dem Teller« oder »Draußen scheint die Sonne«, sondern es tauchen überwiegend ichbezogene Gedanken auf, z. B.: »Ich weiß nicht, was ich tun soll« oder »Ich muss es unbedingt schaffen«.

Diese Ich-Sätze sind genauso bedeutungslos wie der Satz mit der Tomate, allerdings üben sie auf das Bewusstsein eine viel größere Anziehungskraft aus und wirken dadurch wesentlich wichtiger, schwerer und glaubwürdiger. Das Bewusstsein – die Stille, Ihr wahres Wesen – »klebt« sich mit Vorliebe an diese Ich-Sätze, zieht sich dadurch zusammen und glaubt, nur noch dieses kleine gedankliche Ich in Form einer Person zu sein. Dieses faszinierende Geschehen ist das Spiel des Lebens.

ÜBUNG II

Richten Sie die Aufmerksamkeit wieder auf die Aufmerksamkeit selbst, auf das Wahrnehmende, das Sie sind.

AHA-EFFEKT

So kann sich Ihre wahre Natur von vielen gedanklichen Vorstellungen befreien und aus dem Traum erwachen, nur ein kleines, zerbrechliches Ich zu sein. Das Sein ruht als alles in sich selbst und erzeugt alles, und deshalb könnte man sagen, dass Sie alles sind. Aber weil weder ein persönliches Du noch ein persönliches Ich existiert, wäre die noch genauere Aussage: »Das ist es« oder »Sein geschieht in diesem Moment«.

Was war immer gleich?

Vielleicht erinnern Sie sich an eine Situation, als Sie ein kleines Kind waren, etwa vier oder fünf Jahre alt. In Ihrem Zimmer oder draußen im Garten waren Sie eins mit sich und vollkommen in Ihrem Spiel versunken. Gelegentlich haben Sie es vielleicht unterbrochen und sich aufmerksam in der Gegend umgesehen. Jahre später als Teenager hatten Sie eine neue Vorstellung davon, wer Sie sind. Doch eventuell erinnern Sie sich auch aus dieser Zeit an eine Situation, in der Sie sich eins mit sich fühlten. Jetzt, im Erwachsenenalter, definieren Sie sich als ein selbstbestimmtes Wesen mit einer neuen Identität. Sie fühlen sich anders als in vorherigen Lebensabschnitten, trotzdem gibt es wahrscheinlich auch jetzt Momente, in denen Sie bei sich und zufrieden sind.

ÜBUNG I

Obwohl sich Ihre Identität im Leben kontinuierlich geändert hat, gibt es ein Gefühl, das während der ganzen Zeit gleich geblieben ist. Wissen Sie bereits, wovon ich spreche? Forschen Sie in sich nach, ob Sie es finden können, und lesen Sie dann weiter.

AHA-EFFEKT

Wovon ich rede, ist das Gefühl Ihrer eigenen Anwesenheit, das tiefe Wissen »Ich bin«. Es ist egal, wie Sie sich definieren oder was Sie zurzeit tun. Im Hintergrund des Daseins befindet sich meist unerkannt das Bewusstsein Ihrer Existenz. Dieses Gefühl kann man auch mit den Worten benennen: »Ich lebe.« Erst wenn Sie weniger denken, können Sie dieses Lebensgefühl wieder voll spüren. Seien Sie froh, dass es bereits zu Ihnen gehört. Das innere Licht des Bewusstseins Ihrer wahren Natur, das gelegentlich in stillen und besonderen Momenten durchscheint, ist kostbar, denn es hält uns am Leben.

ÜBUNG II

Spüren Sie mindestens einmal täglich in sich hinein. Können Sie fühlen, dass Sie lebendig sind?

Das fliegende U-Boot

Wir glauben, dass wir ein individuelles Wesen sind, das in dieser Welt herumläuft und noch einiges zu erledigen hat. Selten stellen wir die Getrenntheit dieser Person infrage, denn allein schon unserer Körper unterscheidet sich deutlich von dem anderer Menschen. Doch was, wenn wir uns täuschen lassen, weil wir daran gewöhnt sind, alles nur durch den Blickwinkel des menschlichen Körpers wahrzunehmen?

ÜBUNG I

Angenommen, Sie sitzen in einem unendlich kleinen U-Boot, das durch den Raum fliegen kann. Jetzt fliegen Sie los und betrachten die Welt mit neuen Augen. Atome, Elektronen und Neutronen kommen Ihnen vor wie riesige Energieberge oder große Wellen. Woher wüssten Sie während Ihres Fluges, wo Sie sich befinden? Sind Sie in der Raumluft, in einem Tisch, in einem menschlichen Körper oder in der Wand eines Hauses? Die Maßstäbe haben sich verändert, und was aus der menschlichen Perspektive getrennt erschien, ist nun ein einziges energetisches Gewebe. Gedanken tauchen vielleicht wie Energieblitze am Horizont kurz auf und verschwinden wieder, und Sie können sie beobachten, weil Sie viel kleiner sind als sie. Die Welt erscheint neu und ungewohnt. Kann in dieser Gesamtheit ein einzelnes, getrenntes Ich existieren?

ÜBUNG II

Versetzen Sie sich in Gedanken für eine kurze Zeit in den Körper eines anderen Lebewesens. Seien Sie eine Fledermaus, ein Hund oder eine Stubenfliege. Welche dieser Wahrnehmungen ist die richtige?

AHA-EFFEKT

Schnell wird klar, dass unsere Wahrnehmung nicht das Maß aller Dinge sein kann. Aus anderen Perspektiven erkennen Sie, dass alles miteinander verbunden ist und Trennung nicht existiert. Dem mit unserem Körper identifizierten Bewusstsein bleibt keine andere Wahl, als alles durch die eingeschränkte menschliche Brille zu betrachten. Diese unvollständige, verzerrte Wahrnehmung ist aber nicht die Realität. Urteile über das Geschehen in der Welt hängen sehr stark von unserer Betrachtungsweise ab. Aus wissenschaftlicher Sicht besteht Materie aus Molekülen, Atomen und Energiebestandteilen, deren Existenzformen wir nicht einmal verstehen. Was wir Materie nennen, ist zu mehr als 99 % Zwischenraum. Unser menschlicher Glaube an eine dinghafte, in Einzelteile zerlegbare Welt, so, wie sie uns erscheint, hat nichts mit der Wirklichkeit zu tun. Das Erkennen des Einsseins ist demzufolge kein Prozess, der nur das Innere unseres Körpers betrifft. Er schließt das sogenannte Äußere mit ein. Anhand dieses wissenschaftlichen Beispiels können Sie es klar sehen: Es gibt kein Innen und kein Außen, und alles, was wahrnimmt und wahrgenommen wird, sind Sie.

Nicht nur der Körper

Wie wir durch die Übung »Lebendigkeit im Körper spüren« erfahren können, ist es ein wunderbarer Daseinszustand, im Körper zu Hause zu sein. Doch die innige Verbundenheit mit unserem Körper birgt auch ein gewisses Risiko. Wenn wir glauben, nur dieser lebendige Körper samt Gedanken und Gefühlen zu sein, wissen wir auch, dass dieser Körper irgendwann zerfallen wird. Diese Identifikation verstärkt unsere Furcht vor dem Tod in hohem Maß. Deshalb ist es hilfreich, zu erkennen, dass wir in dieser Existenz unseren Körper zwar ausgiebig und lebendig nutzen können, wir jedoch nicht unser Körper sind. Erinnern Sie sich bitte auch an die Übung »Was war immer gleich?« Dort ging es darum, die eigene Lebendigkeit zu erfahren und das tiefe Wissen zu ergründen: »Ja, ich bin.«

ÜBUNG

Es folgen einige Fragen, die vielleicht etwas drastisch klingen. Stellen Sie sich vor, die moderne Medizin könnte den menschlichen Körper in jeder Form am Leben erhalten, und dann beantworten Sie die folgenden Fragen bitte möglichst spontan.

› Glauben Sie, dass Sie existieren?
› Falls das so ist, haben Sie ein Ich-Gefühl, das Gefühl, lebendig zu sein?
› Würde das Gefühl, lebendig zu sein, verschwinden, wenn Sie keine Beine hätten?
› Bliebe Ihr Lebensgefühl bestehen, wenn Sie auch keine Arme hätten?

- Wäre das Gefühl noch da, wenn auch Ihr Oberkörper fehlte?
- Was ist mit dem Seinsgefühl, wenn Sie weder Augen noch Ohren oder Gedanken hätten?
- Ist es noch da?
- Wo befindet sich dieses Ich-Gefühl? Hat es einen festen, ihm zugewiesenen Platz im Körper?
- Hat Ihr wahres Ich überhaupt etwas mit Ihrem Körper zu tun?

AHA-EFFEKT

Wie Sie soeben nachempfinden konnten, wird das Lebensgefühl »Ich existiere« weder kleiner noch verschwindet es, wenn der Körper auf ein Minimum reduziert wird. Sie hätten immer noch das Gefühl, zu existieren. Daraus folgt: Sie sind nicht Ihr Körper. Sie sind auch nicht das beobachtbare Innenleben. Materie, Körper, Gedanken und Gefühle erscheinen einfach so und verschwinden wieder. Sie können nicht nur daraus bestehen, denn Sie können alle Veränderungen beobachten. Demzufolge muss Ihre wahre Natur unveränderbar sein.

Womöglich fragen Sie nun: »Was bin ich dann, wenn ich nicht dieser Körper bin?« Sie werden sehen: Der Suchende ist das Gesuchte.

Bewusst mit Schmerzen umgehen

Mit zunehmendem Alter wird unser Körper anfälliger für Erkrankungen. Hier und da zwickt es, gelegentlich haben wir Schmerzen im Rücken oder in der Schulter, und manchmal werden wir von chronischen Erkrankungen heimgesucht. Dann handelt es sich nicht mehr um eine Bagatelle, sondern wir haben es täglich mit dauerhaften Schmerzen zu tun. Und manchmal sind wir davon dermaßen zermürbt, dass wir nicht mehr wissen, wie es weitergehen soll. Wir fühlen uns der schmerzhaften Situation hilflos ausgeliefert.

Doch es gibt einen Weg, der uns auch bei einer dauerhaften Schmerzbelastung helfen kann. Sollten Sie körperlichen Schmerz verspüren, kann es sein, dass sich eine gedankliche Geschichte dazugesellt, die Ihnen eine noch unangenehmere Zukunft prophezeit. »Das wird garantiert so bleiben, und wenn ich Pech habe, wird alles noch schlimmer.« Nun haben Sie nicht »nur« Schmerzen, sondern Sie leiden zusätzlich unter einer mentalen Story, von der niemand weiß, ob sie sich jemals so erfüllen wird. Unser illusionäres Ich, das Ego, erfindet negative Geschichten, weil es sie für sein Überleben braucht. Da unsere scheinbare Person nur aus Gedanken und Emotionen besteht, unternimmt dieses seltsame System alles, um sich selbst zu erhalten.

In dieser Situation ist Bewusstheit notwendig, denn selbst wenn keine vollständige Genesung eintritt, bringt bereits die Erkenntnis, dass Schmerz nicht zwangsläufig Leid bedeutet, erhebliche Linderung. Wird die Krankheit samt ihrer Erscheinungsformen akzeptiert, mag es sein, dass weiterhin noch seelischer oder körperlicher Schmerz vorhanden ist. Jedoch entfallen bei einem bewussten Umgang mit Krankheit die zusätzlich belastenden Opfer- und Leidgeschichten des Egos. Die Situation kann nun gelassener betrachtet werden: als wahrheitsgemäßes »Es ist, wie es ist« und nicht als anstrengender Kampf »Das soll jetzt nicht so sein«. Die Akzeptanz der Situation macht einen wesentlichen Unterschied, weil sie sofortige Erleichterung bedeutet. Alternative und konstruktive Handlungen können entstehen, die vorher nicht möglich waren. Selbstverständlich bedeutet diese Situation auch weiterhin eine große Herausforderung.

ÜBUNG

Lassen Sie den Widerstand gegen den Schmerz los. Sagen Sie, auch wenn es Ihnen vielleicht schwerfällt: »Ja, das ist jetzt so. Ja, lieber Schmerz, du darfst jetzt da sein.« Geben Sie ein bewusstes »Ja«, zu dem, was bereits Realität ist. Wenn der Schmerz nicht gehen will, gehen Sie durch ihn hindurch, indem Sie ihn vorbehaltlos fühlen.

AHA-EFFEKT

Indem wir den Widerstand gegen das loslassen, was bereits ist, wird die Gesamtsituation erträglicher. Und womöglich lässt der Schmerz sogar nach. Körperliche oder emotionale Schmerzen können Ihrer wahren Natur nichts anhaben. Vielleicht bleiben Ihre Schmerzen, aber durch das Loslassen des Widerstands können Sie erhebliche Erleichterung erfahren.

Eine hilfreiche Erkenntnis lautet:
Schmerz ist Schmerz.
Schmerz plus Gedankengeschichte bedeutet Leid.

Gefühle als Entscheidungshilfe nutzen

Manchmal stehen wir im Leben vor Entscheidungen und wissen nicht, was wir tun sollen. Angenommen, Sie sind in einem Bewerbungsgespräch, weil Sie eine neue Arbeitsstelle suchen. Im Grunde entspricht die angebotene Stelle Ihren Vorstellungen, doch irgendetwas in Ihnen sagt Ihnen, dass Sie sich in dieser Firma nicht wohlfühlen werden. Vom Verstand her betrachtet sind die Kriterien für den Job erfüllt, aber Ihr Körpergefühl sagt »Nein«. Wie würden Sie sich entscheiden? Würden Sie die Stelle antreten oder nicht?

Wenn Sie vor einer wichtigen Entscheidung stehen, haben Sie in der Bauchgegend meist ein Gefühl dazu. Entweder spüren Sie: »Ja, das ist es«, oder Sie spüren: »Nein, das ist es nicht.« Auf diesen inneren Kompass können Sie sich besser verlassen als auf vermeintlich schlaue Argumente Ihres Verstandes. Nicht, dass ich Sie jetzt vom gesunden Menschenverstand abbringen möchte. Im Gegenteil: Er setzt sich ja aus konstruktiven Gedanken und einem funktionierenden Bauchgefühl zusammen. Doch in vielen Situationen gibt es Gefühle, die wahrer sind als die laute Stimme des Verstandes.

ÜBUNG

Fragen Sie sich: »Wie geht es mir im Inneren? Was fühle ich in dieser Angelegenheit?«

AHA-EFFEKT

Stellen Sie sich diese Fragen, und mit hoher Wahrscheinlichkeit werden FÜHLBARE Antworten oder Bilder in Ihnen entstehen, die Ihnen den Weg weisen können. Diese Fragen bieten eine weitere Möglichkeit, bestimmte Situationen mithilfe Ihres Körpergefühls auf ihren Wahrheitsgehalt zu überprüfen. Gefühle bringen Sie näher an Ihr inneres Wesen als Gedanken, weil sie ehrlicher sind als unsere geistigen Vorstellungen.

Wenn sich bei einer wichtigen Fragestellung in Ihrem Leben, z. B. nach einer beruflichen Veränderung, etwas in Ihnen zusammenzieht, wissen Sie, dass dies nicht der richtige Weg ist. Weitet sich etwas in Ihnen oder empfinden Sie ein angenehmes Kribbeln, Wärme oder vielleicht auch etwas Aufregung, orientieren Sie sich wahrscheinlich in die richtige und gesündere Richtung. Unser Körper und unsere nicht blockierten Gefühle sind ein guter Kompass, um Lebensentscheidungen zu treffen. Sie entdecken leichter Dinge im Leben, die zu Ihrem wahren Wesen passen, und Sie befreien sich vom Glauben, eine bestimmte Sache unbedingt tun zu müssen. Die Forderungen »Ich muss« und »Ich soll« stammen ausnahmslos vom Ego, das ständig unter dem Zwang steht, alles unter Kontrolle zu halten. Gefühle können uns viel besser den Weg zeigen als die verzerrte Stimme des eigenen Ich, das Angst vor Veränderungen hat. Ein gedankliches Ich ist starr, aber das Leben und die Gefühle des Menschen fließen.

Versöhnung mit alten Entscheidungen

Angenommen, Sie sind ein junger Mensch, besitzen künstlerisches Talent und möchten es beruflich ausleben. Voraussetzung dafür wäre es allerdings, in eine weit entfernte Stadt zu ziehen. Ihr Umfeld ist nicht besonders begeistert von Ihren Plänen. Davon beeinflusst, beginnen Sie zu zögern und stellen schließlich fest, dass Sie noch andere Fähigkeiten haben. In der Schule waren Sie schon immer gut in Englisch und Mathematik. Damit könnte man eine Karriere in der Geschäftswelt starten, und finanziell sicherer wäre ein solcher Beruf auf jeden Fall. Die meisten Menschen in Ihrer Nähe unterstützen diese Idee, und so richtig können Sie auch nicht mehr an Ihr Künstlerdasein glauben. Nun beginnen Sie eine kaufmännische Ausbildung und reden sich diese Entscheidung mit rationalen Begründungen schön. Doch die ganze Zeit gärt etwas in Ihnen, und langsam fangen Sie an, Ihr Leben abzulehnen. Ihnen geht es nicht gut, denn insgeheim können Sie sich nicht verzeihen, dass Sie damals Ihren Wunsch nicht verwirklicht haben.

In dieser belastenden Situation übersehen Sie allerdings eine wichtige Sache: Sie hatten damals EINEN WIRKLICHEN GRUND, weshalb Sie sich für den kaufmännischen Beruf und gegen die Künstlerlaufbahn entschieden haben. Wenn Sie nachforschen, finden Sie wahrscheinlich heraus, was Sie wirklich zu Ihrer Entscheidung bewogen hat. Es war vielleicht nicht die finanzielle Sicherheit eines kaufmännischen Berufs, sondern Ihr unbewusster Wunsch, in der Nähe Ihrer Familie und Freunde zu bleiben. Vielleicht sind Sie ein sozialer Mensch und brauchen Kontakt und eine liebevolle Umgebung. Hier gilt es, achtsam zu sein. Ohne es vorher erkennen zu können, hatten Sie einen wahrhaftigen Grund dafür, nicht in die entfernte Stadt zu ziehen: Familie und Freunde in der Nähe waren Ihnen wichtiger als ein Künstlerleben in der Ferne. Ihre Verärgerung über die vergangene Entscheidung kann sich endlich auflösen, weil Sie sich nicht länger dafür verurteilen. Jetzt können Sie verstehen, warum Sie sich damals so entschieden haben.

ÜBUNG

Finden Sie den wirklichen Grund für die Entscheidungen heraus, mit denen Sie immer noch im Unfrieden sind. Stellen Sie sich zusätzlich folgende Frage: »Woher weiß ich, dass es besser gewesen wäre, wenn es anders gewesen wäre? Bin ich mir da zu 100 % sicher?«

AHA-EFFEKT

Sie können nicht wissen, was eine andere Entscheidung in Ihrem Leben bewirkt hätte. Sie haben jetzt nur eine Vorstellung, ein Traumbild davon. Wenn wir ständig denken »Es hätte auch anders laufen können«, halten wir den zu dieser Gedankengeschichte gehörenden Schmerz lebendig. Es fühlt sich so an, als ob das schmerzhafte Ereignis in diesem Moment wieder stattfindet. Auf diese Weise bleibt der Schmerz am Leben und wird wieder verdrängt, anstatt vollständig gefühlt zu werden. Dieser anstrengende Teufelskreis kostet eine enorme Lebensenergie, die wir viel besser für konstruktive Aktivitäten nutzen.

Erkennen Sie: Alles durfte genau so sein, wie es war. Nichts konnte jemals anders sein. Dieses Erkennen ist heilsam, und der Groll auf die Vergangenheit kann sich auflösen. Sie sind nicht die Umstände und auch kein Opfer der Umstände, sondern Sie können sämtliche Geschehnisse in Stille beobachten. Sie sind das unangreifbare Leben. Und weil alles geschieht, wie es geschieht, darf alles so sein, wie es ist.

Wut auf die Eltern heilen

Viele Menschen kommen nicht in ihren natürlichen und kraftvollen Lebensausdruck, denn obwohl sie schon längst erwachsen sind und hier in der Gegenwart leben, sollen immer noch die Eltern oder andere Personen für das derzeitige Leid verantwortlich sein. »Wäre die Vergangenheit doch bloß anders verlaufen. Wenn meine Eltern mich ausreichend gefördert hätten, wenn sie mich nicht gehindert hätten, wenn sie mich nur einmal richtig gesehen hätten … Egal, wie sehr ich mich angestrengt habe, ich war ihnen nie genug. Sogar heute habe ich noch Angst vor ihren Reaktionen, vor Liebes- und Geldentzug.« Kennen Sie diese Gedanken? Falls ja, glauben Sie unbewusst noch, dass die Vergangenheit Sie daran hindern kann, jetzt in der Gegenwart Ihr gesamtes Potenzial auszuschöpfen. Doch es ist nicht die Vergangenheit, die Sie jetzt blockiert, sondern Ihre immer noch vorhandene Verärgerung über das unabänderlich Geschehene.

Durch Erziehung und gesellschaftliche Normen sind wir darauf geeicht worden, unsere Wut nicht ausleben zu dürfen. Sie wird als etwas Schlechtes angesehen, das unterdrückt werden muss. Seit unserer Kindheit sind wir unseren Gefühlen gegenüber misstrauisch, weil wir sie aus Angst vor Liebesentzug und dessen Folgen nicht mehr haben wollten. Als Kind waren wir von unseren Eltern abhängig, und seitdem wirkt in vielen Menschen eine falsche Gedankengleichung: Wahres Gefühl zulassen = Entzug von Liebe und Anerkennung = Ich muss sterben. Daraus macht unser angstvolles Ego: »Meine Wut zu fühlen, wird mich umbringen.« Der schwierigste Teil der folgenden Übung ist deshalb vielleicht das Eingeständnis, wütend auf die eigenen Eltern zu sein. Sie haben schließlich auch viel Gutes für uns getan, und das Zulassen der Wut könnte wie ein Verrat ihnen gegenüber empfunden werden.

ÜBUNG I

Gestehen Sie sich ein, dass Ihre Eltern zwar viel Gutes für Sie getan haben, aber Sie sich ihretwegen in einigen Momenten auch hilflos gefühlt haben. Sagen Sie laut: »Aus diesem Grund (setzen Sie hier eine für Sie sehr wichtige Sache ein) bin ich noch sehr wütend auf meine Eltern (auf meinen Vater, auf meine Mutter).« Fühlen Sie die aufkommende Wut, ohne etwas mit ihr zu tun. Agieren Sie Ihre Wut nicht aus, sondern lassen Sie das Gefühl der Wut einfach da sein. Fühlen Sie die eventuell aufkommende Trauer, ohne etwas mit ihr zu tun. Lassen Sie Trauer und Tränen einfach da sein. SAGEN SIE LAUT: »ICH DARF SO SEIN, WIE ICH BIN.« Sie dürfen so sein, wie Sie sind, weil Sie gut und richtig sind, genau so, wie Sie sind. Das Leben hat Sie erwünscht. Fühlen Sie, was diese Wahrheit in Ihnen bewirkt, und sagen Sie dann noch einmal laut und absolut überzeugt: »Ich darf so sein, wie ich bin!«

ÜBUNG II

Beantworten Sie bitte ganz schnell und spontan und ohne einen »inneren Zensor« folgende Frage: »WIE WÜRDEN SIE SICH FÜHLEN, WENN IHRE ELTERN TOT WÄREN?«

AHA-EFFEKT

Kam als Antwort vielleicht das Wort »frei«? Hat Ihre eigene Antwort Sie überrascht? Ihre Antwort ist richtig und natürlich, weil sie Ihrem inneren Wunsch entspricht, sich endlich von den Eltern zu lösen. Sie dürfen Ihren eigenen Weg gehen, egal, was Ihre Eltern davon halten. Es gibt einen wahren Spruch, der vielleicht etwas radikal klingt:

»Lebe so, als ob deine Eltern tot seien.«

Und dann können Sie sie weiterhin lieb haben.

ÜBUNG III

Stellen Sie sich in Gedanken vor, Sie würden Ihren Eltern in einem schönen und geschützten Raum gegenüberstehen. Versuchen Sie, eine liebevolle Haltung zu entwickeln, schauen Sie Ihre Eltern an, und sagen Sie ihnen dann: »IHR WART UND SEID DIE RICHTIGEN ELTERN FÜR MICH, WEIL ES MICH OHNE EUCH NICHT GÄBE.«

Spüren Sie, was dieser Satz in Ihnen bewirkt, und lassen Sie alle Gefühle erscheinen, die sich zeigen wollen. An dieser Stelle möchte ich darauf hinweisen, dass Ihre Eltern bezüglich Ihrer Kindheit und Erziehung kein Vorwurf treffen kann. Sie haben gemäß ihrem damaligen Bewusstseinszustand getan, was sie für richtig hielten. Das bedeutet: Ihre Eltern konnten nur genau so und nicht anders handeln. Erkennen Sie: Nur weise Menschen können weise handeln. Und welcher Mensch handelt und lebt ausschließlich weise? Tun Sie es die ganze Zeit?

AHA-EFFEKT

Erkennen Sie, dass Ihre Eltern exakt so notwendig waren, wie sie waren, weil exakt Sie dabei herausgekommen sind. Ohne das Leben, das sich damals genau in dieser Form Ihrer Eltern bedient hat, um Sie zu erschaffen, gäbe es Sie jetzt nicht. Wenn Sie das Leben mögen, können Sie ihm, und als dessen Ausdruck auch Ihren Eltern, nun dankbar sein.

Das Schnellpflaster für Ängste, Phobien und Lampenfieber

Manchmal befinden wir uns in einer Situation, in der wir Angst oder Lampenfieber verspüren, z. B. vor einem Vortrag. Ausgelöst wird diese innere Unruhe durch unseren Verstand, der eine innere Spaltung erschafft, indem er Gedanken und Emotionen erzeugt, die nicht der tatsächlichen Situation entsprechen. Häufige physische und psychische Reaktionen auf diese Illusion sind Unruhe und Schweißausbrüche bis hin zu Angst und Panikattacken. Für diese Fälle gibt es einen Satz, den Sie als Erste Hilfe benutzen können. Er wirkt auch bei leichten Phobien – so können auch die Spinne und Sie besser miteinander zurechtkommen. Es handelt sich nicht um eine Zauberformel, sondern das Leben, das Sie sind, erinnert sich durch diesen Satz wieder an seine wahre Natur. Dann können Sie auch erkennen, dass der Verstand Ihnen einen Streich spielt.

ÜBUNG I

Sagen Sie vor oder in einer angstbehafteten Situation: »ICH WERDE DAS HIER ÜBERLEBEN!«

AHA-EFFEKT

Ihr wahres Wesen ist unsterblich. Das Sein spricht mit diesem Satz zu sich selbst, hört die Wahrheit über sich selbst und kann dann mit mehr Gelassenheit auf den Auslöser der Angst reagieren. Die Gelassenheit basiert auf dem Wissen um den unzerstörbaren Grund des Lebens, und deshalb können sich Ihr Geist und Ihr Körper entspannen. Mit diesem Satz haben Sie ein schnell wirksames Gegenmittel zur Angst des Egos zur Hand. In einem solchen Moment scheint das Licht des Bewusstseins stärker durch, und die Angst wird ersetzt durch das Erkennen der eigenen Natur. Diese Natur kann man auch mit dem Wort »Liebe« beschreiben. Und wo Liebe ist, hat Angst keinen Platz, so, wie Licht die Dunkelheit hinwegleuchtet.

ÜBUNG II

Als weiteren praktischen Tipp bei Lampenfieber und spannenden Situationen können Sie folgende innere Haltung ausprobieren: »ICH HABE RICHTIG LUST AUF DAS, WAS VOR MIR LIEGT.« Hier wird Angst durch »Lust auf …« oder »Liebe zu …« ersetzt.

Diese beiden Sätze sind natürlich nur erste Schritte zur Integration einer ungesunden Angstreaktion. Als sehr hilfreich hat sich der bewusste Umgang mit Angst auslösenden Situationen erwiesen. Wenden Sie sich bei Bedarf an eine therapeutische Fachfrau/-mann, die Ihnen ganzheitlich und kompetent weiterhilft.

Volltreffer

Angenommen, Ihr Gegenüber sagt zu Ihnen: »Sie sind der nachtragendste Mensch, den ich kenne.« Sind Sie ein zufriedener Mensch, der Konflikte schnell vergisst, wird Sie diese Aussage höchstens irritieren oder sogar belustigen. Die Feststellung oder beabsichtigte Provokation Ihres Gesprächspartners trifft auf Sie nicht zu, und wahrscheinlich denken Sie nur: »Was redet sie oder er da für ein seltsames Zeug?« Sollte die Aussage Ihres Gegenübers jedoch stimmen, und Ihnen ist das nicht bewusst, sieht Ihre Reaktion anders aus. Die Kritik von außen trifft dann auf Ihre unbewusste Identifikation, ein nachtragender Mensch zu sein. Sie reagieren darauf mit Abwehr und Angst, weil Ihr Ego sich durch die Kritik reduziert fühlt. Es besteht nur aus Denkmustern, und wenn diese durch Gedanken eines anderen ersetzt werden sollen, fühlt es sich für das Ego so an, als ob ihm etwas Wesentliches weggenommen wird. Weil eine scheinbare Person aus vielen Facetten besteht, hat sie viele Angriffspunkte, die sie zwanghaft verteidigen muss. Viele Situationen in Ihrem Leben, in denen Sie sich angegriffen fühlen, sind auf diese Angriffspunkte zurückzuführen. Sobald Sie aber erkennen, dass Sie weder Gedanken noch ein Ich sind, hören die Konflikte und die unbewusste Angst vor Angriffen auf.

ÜBUNG I

Seien Sie in allen Situationen achtsam, in denen Sie sich beleidigt, verletzt oder betroffen fühlen.

AHA-EFFEKT

In all diesen Fällen haben Sie eine entsprechende Angriffsfläche, das heißt, unbewusst glauben Sie daran, dass Sie die von Ihrem Gesprächspartner genannten Schwächen besitzen. Keine Person kann Sie verärgern, indem sie etwas sagt, das nicht auf Sie zutrifft. Sie kann bei Ihnen nur die passenden Knöpfe drücken. Wenn Sie dieser Person aus dem Weg gehen, taucht bald eine andere mit derselben Funktion auf. Unangenehme Situationen verschwinden erst dann aus Ihrem Leben, wenn Sie Ihre entsprechenden Reaktionsmuster erkannt, akzeptiert und aufgelöst oder integriert haben. Herausforderungen im Leben geschehen nicht, damit Sie unglücklicher werden, sondern bewusster. Nun können Sie in einer neuen Situation, in der Sie ein Vorwurf trifft, bewusster handeln.

ÜBUNG II

Sagen Sie sich: »Ja, es kann sein, dass ich diese Eigenschaft habe. Und jetzt, wo ich sie erkannt habe, gibt es die Möglichkeit, sie zu ändern.«

AHA-EFFEKT

Mit dieser Haltung akzeptieren Sie sich und die Meinung des Gesprächspartners. Dann ist der Streit der Egos beendet, und Sie werden einen liebevolleren Umgang mit sich selbst und Ihrer Umwelt erleben.

Im Ruderboot

Sie sitzen in einem kleinen Ruderboot und fahren gedankenversunken auf einem Fluss. Plötzlich gibt es einen heftigen Ruck am Bootskörper. Sie schrecken auf und bemerken ein anderes Boot, das Sie soeben gerammt hat. Doch es ist leer, niemand sitzt darin. Wie reagieren Sie auf diesen Zwischenfall?

ÜBUNG I

Fühlen Sie sich in die Situation hinein, und lesen Sie erst dann weiter.

AHA-EFFEKT

Wahrscheinlich sind Sie etwas irritiert und fragen sich, wo das leere Boot herkommt. Nichts Schlimmes ist passiert, und daher setzen Sie Ihren Weg auf dem Fluss entspannt fort. Etwas später befinden Sie sich auf einem anderen Fluss. Wieder werden Sie angestoßen, aber dieses Mal sitzt jemand im Boot. Wie reagieren Sie jetzt?

ÜBUNG II

Spüren Sie wieder in sich hinein, und seien Sie absolut ehrlich, was Ihre Reaktion betrifft.

AHA-EFFEKT

Womöglich fragen Sie die Person etwas empört: »Können Sie nicht aufpassen? Sie haben doch gesehen, dass ich hier bin.« Diese Reaktion unterscheidet sich deutlich von der Situation mit dem leeren Boot, und sie ist eine typische Verhaltensweise des Egos. Ist an einer überraschenden oder vermeintlich bedrohlichen Situation ein anderer Mensch beteiligt, entwickeln wir schnell den Impuls, ihn anzugreifen. Sobald sich die Möglichkeit dazu ergibt, schiebt das Ego die Verantwortung für ein Geschehen auf den Nächsten. Befindet sich kein Mensch in der Nähe, akzeptieren wir die gegebene Situation leichter und nehmen sie vielleicht mit einem Achselzucken hin. Das Ego kann nicht erkennen, was die wahre Ursache für den Zusammenstoß der Boote war. Hauptsächlich ist es damit beschäftigt, sein Gefühl der Unsicherheit durch einen festen Standpunkt zu kaschieren. Deshalb fällt es uns in herausfordernden Situationen häufig schwer, achtsam, freundlich und gerecht zu sein. Das Ego ist nur selten auf Kooperation aus. Meist sucht es die Konfrontation, denn so kann es seine Identität verstärken, indem es sagt: »Ich habe recht.«

ÜBUNG III

Mithilfe der kleinen Reise im Boot konnten Sie spüren, wie sehr das Ego auf Angriff und Verteidigung ausgerichtet ist. Seien Sie in allen Situationen achtsam, in denen Sie spüren, dass Sie ärgerlich werden und Ihr Gegenüber angreifen wollen. Lassen Sie Ihren Ärger hochkommen, und fühlen Sie ihn vollständig. Agieren Sie Ihre Wut aber nicht aus, indem Sie herumschreien oder gar handgreiflich werden. Sagen Sie stattdessen lieber: »Ich bin gerade sehr wütend.« Sie schlucken Ihren Ärger also nicht runter, sondern geben ihm die notwendige Aufmerksamkeit, ohne ein Drama daraus zu machen.

AHA-EFFEKT

Auf diese Weise haben Sie und Ihr Körper die Möglichkeit, die Wutenergie zu integrieren und in konstruktive Lebensenergie umzuwandeln. Dieses Vorgehen hat nichts mit Verdrängung zu tun, sondern ist ein sehr hilfreiches Mittel, um achtsam mit auftauchenden Emotionen umzugehen. Schädigen Sie Ihren Organismus nicht durch unnötige Wutattacken. Wenn Sie regelmäßig üben, werden Sie immer häufiger bewusst und gelassen reagieren. Jede Situation ist wie ein leeres Boot, das vom Leben bewegt wird. Nicht anzugreifen ist gesund für Sie und die ganze Welt.

Flexibel sein

Im Laufe des Lebens haben wir eine Menge ungeprüfter Annahmen, Beurteilungen und Einschätzungen über alles Mögliche verinnerlicht. Wir haben Meinungen über Menschen, Politik, Beziehungen, den besten Urlaubsort oder über die gesündeste Ernährung. Weil diese Ansichten unserem Ego eine scheinbar sichere Position verschaffen, glauben wir ihnen. Jedoch sind viele dieser gedanklichen Annahmen falsch, und sie beeinträchtigen unser Dasein erheblich.

ÜBUNG

Stellen Sie sich folgende Frage, um Ihre Ansicht über eine Sache, an die Sie glauben, die Sie beschäftigt oder belastet, bewusst zu überprüfen: »BIN ICH MIR ZU 100 % SICHER, DASS MEINE GEDANKEN ZU DIESER ANGELEGENHEIT STIMMEN?« Lauschen Sie auf eine Antwort.

AHA-EFFEKT

Vielleicht kommt eine ähnliche Erklärung wie: »Nein, zu 100 % bin ich mir nicht sicher, aber beinahe. Deshalb wird das, was ich denke, schon richtig sein.« Das ist die Antwort des Egos. Eine wahre Antwort würde aber lauten: »Ich weiß nicht, ob meine Gedanken zu dieser Angelegenheit stimmen.« Das Ego kann eine Situation nicht vollständig erfassen. Es kann nur

Teilaspekte sehen und nicht die gesamte Situation mit all ihren Abhängigkeiten. Solange wir mit einem Ich identifiziert sind, ist es unmöglich, sich einer Sache zu 100 % sicher zu sein.

Mit der »100 %-Frage« verschaffen Sie sich inneren Raum für neue Ansichten und Entscheidungen. Das ist ein großer Vorteil, denn das Leben bedeutet stetige Veränderung, und Flexibilität ist die beste Voraussetzung, um sich im Leben zu Hause zu fühlen. Das Ego möchte aber nicht flexibel sein: »Ich soll mich auf etwas Neues einlassen? Lieber nicht, denn das macht mir Angst.« Gelegentlich treffen wir auf Menschen, die äußerlich ruhig und nachgiebig wirken. Wird über ein Thema diskutiert, stimmen sie oft zu, ohne es jedoch wirklich so zu meinen. Sie wollen bloß ihre Ruhe haben. Was zunächst wie ein freundliches Entgegenkommen wirkt, ist häufig eine Strategie des Egos, Veränderungen auszuweichen und bei seiner starren Meinung zu bleiben.

Achten Sie auf das Geschehen im Außen und darauf, wie Sie mit Ihren Gedanken und Emotionen reagieren. Schnell wird sich zu einer Situation eine Meinung in Ihnen herauskristallisieren. Wenn Sie sich nicht sicher sind, ob Sie mit Ihrer Meinung der Person oder Situation gerecht werden, stellen Sie die »100 %-Frage«, um Ihre Meinung zu überprüfen. Mit einer offenen, liebevollen und wertfreien Haltung gelangen Sie zu mehr Gelassenheit und Flexibilität und zu einer besseren Verständigung mit Ihren Mitmenschen.

Sollen und Müssen

Vielleicht stehen Sie schon lange im Berufsleben und denken: »Mein Chef soll mir endlich einmal eine Gehaltserhöhung geben.« Wenn Sie schon einige Jahre in der Firma beschäftigt sind und Ihr Chef Ihnen bisher nicht mehr Geld gezahlt hat, ist das die Realität. Die Wirklichkeit der Gegenwart stellt sich also so dar, dass Ihr Chef Ihnen nicht mehr Geld gibt. Was nützt dann der gegensätzliche Gedanke, dass er es tun soll?

ÜBUNG I

Schließen Sie Ihre Augen, und fühlen Sie, was der Gedanke »Mein Chef sollte mir mehr Geld geben« in Ihrem Körper auslöst. Gibt es irgendwo Anspannung, Druck oder Enge? Trauer womöglich? Zieht sich etwas zusammen? Fühlen Sie, was dieser Gedanke in Ihrem Körper bewirkt? Diese Reaktionen sind Hinweise auf die Unwahrheit Ihrer Gedanken.

Und nun denken Sie zum Vergleich: »Mein Chef zahlt mir nicht mehr Geld. Ja, das ist jetzt so. Was mache ich jetzt damit?« Spüren Sie einen Unterschied zu vorher? Nehmen Sie ein Gefühl der leichten Resignation wahr, das sich aber echter anfühlt als das Zusammenziehen des Körpers? Oder entspannt sich sogar etwas bei diesen Gedanken?

AHA-EFFEKT

Wenn Sie auf Ihre Körperreaktionen achten, können Sie erfahren, wie gedankliche Wahrheiten, im Gegensatz zu gedanklichen Lügen, auf Ihr Lebensgefühl wirken. Entspannung ist ein Hinweis darauf, dass Sie Ihrer Wahrhaftigkeit auf der Spur sind. Wenn Sie die Dinge akzeptieren, wie sie sind, geht es Ihnen sofort besser, weil Sie jetzt echte Handlungsmöglichkeiten haben. Ändern Sie die Situation, sofern Sie dazu in der Lage sind, verlassen Sie sie, oder akzeptieren Sie sie voll und ganz. Aber die Realität gedanklich zu bekämpfen oder zu verbiegen, ist nicht möglich. Dieses Vorhaben des Egos verursacht nur Leid und Anstrengung. Sollte das Beispiel mit dem Vorgesetzten nicht Ihrer derzeitigen Situation entsprechen, wählen Sie bitte ein passenderes, und wiederholen Sie diese Übung. Vielleicht sind Sie davon überzeugt, dass Ihr Partner oder Ihre Partnerin unbedingt etwas für Sie tun soll oder muss. Überprüfen Sie mithilfe Ihres Körpergefühls, ob Ihre Gedanken zu dieser Angelegenheit stimmen.

Erkennen Sie: Niemand soll oder muss etwas für jemanden tun. Das gilt auch für Sie selbst. Obwohl innere Stimmen auftauchen, die das Gegenteil behaupten, sagen sie nicht die Wahrheit. Es sind Meinungen, die Sie wahrscheinlich von vermeintlichen Autoritäten übernommen haben. Womöglich glaubten Sie damals, Ihre Eltern, Lehrer oder Bekannten wüssten besser über die Zusammenhänge in der Welt Bescheid als Sie. So haben Sie ungeprüft fremde Vorstellungen und Zwänge in Ihr System integriert und diese Stimmen zu Ihrer eigenen Stimme gemacht. Doch das führt Sie in einen Zwiespalt, weil Ihnen die Gedanken, etwas tun zu müssen und zu sollen, einreden, dass Sie die Gegenwart ändern können. Das ist aber nicht möglich, und tief im Inneren wissen Sie das. Der innere Antreiber Ego glaubt, dass er Ihre Leistung durch die Verwendung der Wörter »sollen« und »müssen« steigern kann. Doch das Gegenteil ist der Fall, weil Ihre Lebensenergie blockiert wird. Spitzensportler können nur Höchstleistungen erbringen, wenn sie vollkommen in ihrer Tätigkeit versunken sind.

Sie sind eins mit dem Moment. Da gibt es kein »Sollen« oder »Müssen«, sondern nur das gegenwärtige Tun ohne jeden Zwang. Weil uns das nicht bewusst ist, fühlen wir uns manchmal wie ein Versager, der etwas tun müsste, es aber nicht schafft. Wir halten an unseren Gedanken fest, weil sie einen Teil unseres illusionären Selbst bilden. Und unbewusst nehmen wir das hierdurch entstehende Leid in Kauf.

ÜBUNG II

Erfahren Sie nun, wie es sich anfühlt, wenn Sie die Wörter »sollen« und »müssen« durch »dürfen«, »können« oder »wollen« ersetzen. Sagen Sie »Ich muss noch den Müll rausbringen«, und spüren Sie nach, wie sich das in Ihrem Inneren anfühlt. Und nun sagen und fühlen Sie zum Vergleich: »Ich will noch den Müll rausbringen.« Sagen Sie »Ich muss zur Arbeit gehen«, und spüren Sie nach. Und nun sagen und fühlen Sie zum Vergleich: »Ich kann zur Arbeit gehen.« Spüren Sie die unterschiedliche Energie dieser Sätze? Wie verändert sich Ihr Körpergefühl dadurch?

ÜBUNG III

Lassen Sie die Wörter »sollen« und »müssen« zunächst für eine Woche weg. Wenn Sie feststellen, dass sich Ihre Einstellung gegenüber Menschen und Situationen zu mehr Toleranz hin verändert, streichen Sie SOLLEN und MÜSSEN dauerhaft aus Ihrem Wortschatz, und ersetzen Sie sie durch WOLLEN, KÖNNEN und DÜRFEN.

AHA-EFFEKT

Durch den Verlust zweier Wörter erleben Sie einen großen Gewinn an Lebensenergie, Freiheit, Achtung und Liebe.

Auf gesunde Weise trauern

Angenommen, Sie erhalten die Nachricht, dass ein geliebter Mensch gestorben ist. Eine natürliche Reaktion hierauf ist Trauer. Sie bekommen z. B. den Anruf, legen den Hörer auf und weinen. In diesem Fall ist Ihre Reaktion auf die gegebene Situation angemessen und gesund. Sie geben sich der Trauer hin und stellen sich diesem Gefühl. Das ist Teil des inneren Prozesses, der nötig ist, um mit der neuen Situation fertigzuwerden und keinen dauerhaften Schaden zu nehmen. In dieser Situation leiden Sie nicht, sondern Sie TRAUERN. Das ist ein wichtiger Unterschied. Vielleicht spüren Sie einen starken inneren Schmerz, aber dieses Gefühl darf gefühlt werden, und dann kann es wieder gehen.

Einige Zeit später erhalten Sie wieder die Nachricht über einen Todesfall, aber nun erscheint zusätzlich zur Trauer eine Gedankengeschichte. Womöglich denken Sie: »Was soll der arme Mann bloß ohne seine Frau machen? Er ist hilflos ohne sie. Diesen Verlust wird er bestimmt nicht verkraften und auch bald sterben.« Als ob die Situation nicht schon traurig genug wäre, fügt das Ego ihr jetzt noch eine ungeprüfte Story hinzu und verwandelt den vorhandenen Schmerz in Leid. Jetzt sind Sie in Vorstellungen verfangen, die aus natürlichen Tränen falsche Tränen machen. Das Ego freut sich insgeheim darüber, denn es benötigt Drama und Leid für sein Überleben. Nach außen hin behauptet es jedoch in solchen Situationen häufig, entweder der bemitleidenswerteste oder der mitfühlendste Mensch der Welt zu sein.

ÜBUNG I

Wenn Sie traurig sind, lernen Sie, zwischen Emotionen und Gefühlen zu unterscheiden. Emotionen sind Gedankengänge des Egos mit einer gleichzeitigen Reaktion des Körpers, die die Beurteilung der vorliegenden Situation sehr glaubhaft macht. Dadurch kann ein rechthaberisches Ego sagen: »Ich bekomme Magenschmerzen, sobald ich daran denke. Meine Geschichte muss also stimmen.« Gefühle wie Wut, Trauer oder Freude sind gesunde Antworten auf Ereignisse des Lebens. Trauen Sie ihnen mehr als Ihren Gedanken.

AHA-EFFEKT

Ein reines Gefühl fühlt sich echt an, egal, um welches Gefühl es sich handelt. Sie dürfen es annehmen und vollständig fühlen, und wenn es wieder gegangen ist, empfinden Sie Erleichterung und ein Gefühl von Weite. Eine Emotion dagegen enthält oft etwas Unechtes, ein Drama, an dem sich das Ego ergötzen will. In Ihrem Körper zieht sich etwas zusammen, und die Gedankengeschichten im Kopf vermehren sich. Werden Sie achtsam für dieses raffinierte innere Geschehen, halten Sie Distanz dazu, und geben Sie ihm nicht so viel Bedeutung. Geschichten und Emotionen kommen und lösen sich wieder auf. Wird die gegenwärtige Situation samt ihrer Erscheinungen akzeptiert, wird es wahrscheinlich so sein, dass weiterhin noch Schmerz vorhanden ist. Aber bei einem bewussten Umgang mit der Situation entfallen die zusätzlich belastenden Opfer- und Leidgeschichten des Egos. Die Situation kann vom trauernden Menschen nun etwas gelassener betrachtet werden, als wahrheitsgemäßes »Es ist, wie es ist« und nicht als anstrengender Kampf »Das soll jetzt nicht so sein«.

ÜBUNG II

Entwickeln Sie die innere Haltung »OKAY, DAS IST JETZT SO. WAS MACHE ICH JETZT DAMIT?«

AHA-EFFEKT

So ist schon viel gewonnen, weil Akzeptanz und die Bereitschaft für etwas Neues entstehen. Linderung und sogar vollständige Heilung der seelischen Verletzungen und des Leids können geschehen.

EIN ZUSÄTZLICHER TROST

Der Tod ist das Gegenteil von Geburt, aber nicht von Leben, weil Leben kein Gegenteil hat. Ein Trost kann in dieser Erkenntnis liegen. Innerhalb des Lebens werden Formen geboren, um später wieder zu sterben. Doch das Leben selbst stirbt nicht. Das, wofür wir uns und unsere Nächsten normalerweise halten, sind wir nicht. Wir sind keine sterblichen Personen, sondern nur vorübergehende Erscheinungen in dem einen Leben, das wir selbst sind. Wenn der Tod des Körpers eintritt, geht das Leben weiter. Sie gehen in Liebe weiter.

In einem Königreich lebte ein König, der häufig sehr traurig war. Eines Tages ließ er die Weisen seines Landes zu sich rufen und fragte sie um Rat, was man gegen die Trauer unternehmen könne. Die Weisen berieten sich, baten um etwas Zeit und gingen fort. Einige Zeit später kam einer der Weisen zurück, überreichte dem König einen Ring und forderte ihn auf, den Ring anzustecken. Der König tat, wie ihm geheißen. Der Weise sagte zum König: »Wenn du wieder traurig bist, nimm den Ring ab und schaue auf die Innenseite.« Der König bedankte sich, und der Weise verließ ihn. Als der König wieder traurig war, erinnerte er sich an den Rat des Weisen. Er nahm den Ring vom Finger und schaute auf die Innenseite. Dort stand geschrieben: »Auch das geht vorüber.«

Die heilende Frage

Wenn etwas in unserem Leben geschieht, was uns nicht gefällt oder Anstrengung und Kummer verursacht, zeigen sich häufig Stresssymptome, Sorgen und Groll. Wir fühlen uns von der Situation überfordert und leisten Widerstand gegen den jetzigen Moment. Vielleicht sagen wir: »Ich wünschte, es wäre anders.«

ÜBUNG I

Stellen Sie sich in einer herausfordernden Situation folgende Frage: »WER WEISS, WOZU ALLES GESCHIEHT?« Hierzu gibt es eine schöne Geschichte.

Es war einmal ein alter Mann, der lebte zusammen mit seinem einzigen Sohn in einer kleinen Hütte am Rande eines Dorfes. Ihr einziger Besitz war ein wunderschönes Pferd, um das sie von vielen im Dorf beneidet wurden. Es gab etliche Kaufangebote, der alte Mann lehnte jedoch immer ab, da das Pferd bei der Erntearbeit gebraucht wurde und es zur Familie gehörte. Eines Tages war das Pferd verschwunden. Die Nachbarn kamen und sagten: »Du Dummkopf, warum hast du das Pferd nicht verkauft? Nun ist es weg, die Ernte ist einzubringen, und du hast gar nichts mehr, weder Pferd noch Geld für einen Helfer. Was für ein Unglück!« Der alte Mann schaute sie an und sagte nur: »Wer weiß schon, wozu alles geschieht?«

Das Leben musste jetzt ohne Pferd weitergehen, und da gerade Erntezeit war, bedeutete dies große Anstrengungen für Vater und Sohn. Es war fraglich, ob es gelingen würde, die ganze Ernte einzubringen. Ein paar Tage später war das Pferd wieder da, und ihm hatte sich ein anderes Wildpferd angeschlossen. Jetzt waren die Leute im Dorf begeistert. »Du hast recht gehabt«, sagten sie zu dem alten Mann. »Welch ein Glück! Dieses herrliche Wildpferd als Geschenk des Himmels, nun bist du ein reicher Mann.« Der Alte erwiderte wieder: »Wer weiß schon, wozu alles geschieht?«

Die Dorfbewohner schüttelten den Kopf über den wunderlichen Alten. Warum wollte er nicht sehen, was für ein unglaubliches Glück ihm widerfahren war? Am nächsten Tag begann der Sohn des alten Mannes, das neue

Wildpferd zu zähmen und zuzureiten. Beim ersten Ausritt warf es ihn so heftig ab, dass er sich beide Beine brach. Die Nachbarn im Dorf versammelten sich und sagten zu dem alten Mann: »Du hast recht gehabt. Das Glück hat sich als Unglück erwiesen, dein einziger Sohn ist jetzt ein Krüppel. Und wer soll nun auf deine alten Tage für dich sorgen?« Aber der Alte blieb gelassen und erwiderte: »Wer weiß, wer weiß, das Leben geht seinen eigenen Weg, man soll nicht urteilen und kann nur vertrauen.«

Jetzt musste der alte Mann die restliche Ernte ganz allein einbringen. Wenigstens war das neue Pferd so weit gezähmt, dass er es als zweites Zugtier vor den Pflug spannen konnte. Mit viel Arbeit, bis weit in die Dunkelheit hinein, sicherte er das Auskommen für sich und seinen Sohn. Ein paar Wochen später brach ein Krieg aus. Der König brauchte Soldaten, und alle jungen Männer im Dorf wurden in die Armee gezwungen. Nur den Sohn des alten Mannes konnten sie wegen dessen Krücken nicht gebrauchen. »Ach, was hast du wieder für ein Glück gehabt!«, riefen die Leute im Dorf. Der Alte sagte: »Wer weiß, wer weiß? Aber ich vertraue darauf, dass das Glück am Ende bei dem ist, der vertrauen kann.«

AHA-EFFEKT

Wir wissen nicht, was warum geschieht, und oft ist das Problem die Lösung.

Keine Ahnung haben

Sie sitzen mit Ihren Freunden zusammen, und das Thema kommt auf das aktuelle Politikgeschehen. Eigentlich interessieren Sie sich nicht besonders dafür, aber nur stumm dazusitzen, ist für Sie auch keine Option. Also reden Sie mit. Wie geht es Ihnen jetzt im Inneren? Ist da ein Gefühl von Weite und Gelassenheit oder eher eines von Anspannung und Enge? Beobachten Sie sich in einer Diskussion, bei der Sie Ihre Position vor den anwesenden Personen vertreten wollen. Das Ego ist gezwungen, eine Meinung zu haben, da es hauptsächlich aus gedanklichen Formen besteht. Beim Äußern der Meinung wird jedoch gleichzeitig mit einem verbalen Gegenangriff gerechnet, was sofort Anspannung erzeugt. Während Sie etwas in der Runde sagen, hoffen Sie deshalb insgeheim darauf, dass Ihre Position angenommen und bestätigt wird. Vielleicht war Ihnen dieser Vorgang bisher nicht bewusst.

ÜBUNG

Seien Sie achtsam, wenn Sie mit anderen diskutieren. Wenn jemand Sie nach Ihrer Meinung zu einem Thema fragt und Sie davon keine Ahnung haben, bleiben Sie gelassen, und sagen Sie ehrlich: »Ich kann es nicht beurteilen.« Obwohl sich das für unser Ego wie eine Verkleinerung und Niederlage anfühlt, ist es ein Weg zu Ihrer Befreiung. Sie werden nicht sterben, wenn Sie sagen: »Ich weiß es nicht.« Im Gegenteil, Sie befreien sich von einer großen Last, weil Sie Ihre Wahrheit sagen.

AHA-EFFEKT

In vielen Situationen dürfen Sie sich erlauben, keine Ahnung zu haben. Durch diese Ehrlichkeit gewähren Sie auch Ihren Mitmenschen die Freiheit, offen und authentisch zu agieren, und der Umgang mit ihnen wird leichter. In unserer Kindheit haben wir jedoch erfahren, dass unser natürlich angelegter Wesenskern »Wahrhaftigkeit« oft nicht gesehen und manchmal sogar abgelehnt wird. Wahrhaftig zu sein, entspricht somit dem Gegenteil unserer derzeitigen Konditionierung, und deshalb haben wir häufig nicht den Mut, authentisch für uns einzustehen. Es ist von großem Vorteil, nichts zu beurteilen. Erinnern Sie sich: Auf der Oberfläche des Daseins sehen Sie nur Fragmente des Ganzen und nie das Ganze selbst. Tief im Inneren können Sie fühlen, dass diese Worte wahr sind und Sie befreien können. Was ist gut, was ist schlecht, was sinnvoll, was sinnlos? Sie wissen es nicht. Beurteilen und verurteilen Sie nicht, denn damit wenden Sie sich gegen das gegenwärtige Leben, so, wie es jetzt bereits ist. Ihr Ego sieht das anders. Glauben Sie ihm nicht, sondern fühlen Sie den tiefen Frieden, der durch Urteilslosigkeit entsteht.

Hinhören

Seit unserer Kindheit sind wir an unsere Sinneswahrnehmungen gewöhnt. Wir glauben, dass es unser Ich ist, das sieht, hört, riecht, tastet und schmeckt. Wir haben früh eine Identität angenommen, die sich verhält wie eine Fata Morgana. Schaut man genau hin, verschwindet sie. Für das Erleben der Welt ist kein Ich notwendig. Wenn Sie in dieser Übung genau hinhören, löst sich der Besitzanspruch des Ich an die Sinneswahrnehmungen auf.

ÜBUNG

Setzen Sie sich bequem auf einen Stuhl, das kann in Ihrer Wohnung oder draußen im Garten sein. Und nun hören Sie, ob Sie das Zwitschern der Vögel oder ein anderes Geräusch wahrnehmen können. Können Sie es? Vielleicht antworten oder denken Sie: »Ja, ich höre es.« Und nun denken Sie bitte noch einmal absichtlich den Satz »Ich höre dieses Zwitschern«, während Sie dieses Geräusch hören. Diesen inneren Ablauf kennen Sie, weil ständig gedankliche Kommentare zu allen möglichen Dingen auftauchen. Und nun lauschen Sie bitte wieder auf dieses Geräusch, jedoch ohne es zu kommentieren. Seien Sie innerlich still. Zwitschern die Vögel weiter, wenn Sie nicht denken »Ich höre dieses Zwitschern«?

AHA-EFFEKT

Sie werden erkennen, dass die Vögel immer noch sehr lebendig sind. Geräusche jeder Art finden weiterhin statt und werden gehört. Es ist aber nicht notwendig, zu denken, dass es mein Ich ist, das hört. Hören findet statt ohne einen persönlichen Anteil. Ein Ich ist dafür nicht notwendig. Ist das nicht erstaunlich? Genauso verhält es sich mit den anderen Sinnesorganen. Sehen, Tasten, Riechen und Schmecken passieren, ohne dass ein gedankliches Ich behaupten muss, es sei der Initiator und Eigentümer dieser Sinne. Der Trieb des Egos, sich im Leben alles aneignen und kontrollieren zu müssen, beruht auf seiner ständigen Todesangst. Es braucht Kontrolle und Sicherheit, für die es selbst sorgen will, und deshalb kann es nicht glauben, dass der Ablauf der Welt ohne sein Zutun funktioniert. Dass sich die Welt trotzdem weiterdreht, erkennen Sie anhand des folgenden Beispiels.

Gelangen wir in der Nacht von der Traumphase in den Tiefschlaf, ist das Bewusstsein noch aktiv, aber das Ich ist erloschen. Haben Sie dann Angstzustände, oder fühlen Sie sich bedroht? Kann Sie dort etwas bedrücken oder ärgern? Im Unterschied zur nächtlichen Traumphase findet im Tiefschlaf nichts statt, was Sie wahrnehmen können. Ihr Ego, Ihr Verstand, ist tot. Ein Du oder Ich ist nicht mehr beteiligt, und es laufen keine Geschichten mehr ab. Obwohl das Ego glaubt, ohne es gehe nichts, läuft alles weiter wie bisher. Der Körper atmet, das Herz schlägt, der Stoffwechsel und der Blutkreislauf funktionieren. Der natürliche Ablauf sorgt für sich, und seltsame Gedankengänge des Verstandes sind dafür nicht erforderlich.

Und weil das Leben Freude daran hat, sich durch Ihren, genauer gesagt, durch seinen Körper zu erleben, wachen Sie wahrscheinlich wieder auf. Das Leben, das Sie sind, lebt in diesem Körper weiter. Es ist bedeutungslos, ob dabei Gedanken, Bilder, Traumszenen, ein Ich-Gefühl oder gar nichts auftaucht. Darum seien Sie gelassen, und nehmen Sie sich nicht so wichtig. Genießen Sie das Leben, lassen Sie es frei fließen, und hören Sie, was es Ihnen zu sagen hat!

Wunsch oder Forderung?

Manchmal wünschen wir uns vom Leben, dass es anders verläuft. Der Job sollte anders sein, die Beziehung könnte sich auch etwas verbessern, mehr Geld wäre nicht schlecht, und wenn dann noch die Sonne öfter scheinen würde … Wir haben viele Wünsche im Leben, und im Grunde ist das in Ordnung. Doch wenn sich ein Wunsch nicht erfüllt, kann es geschehen, dass wir ärgerlich werden. Halt! Wir werden ärgerlich, wenn ein Wunsch sich nicht erfüllt? Kennen Sie das auch? Sie wünschen sich etwas, es tritt nicht ein, und dann sind Sie gereizt? Handelt es sich dann überhaupt um einen Wunsch, oder versteckt sich hier eine Forderung, von der Sie insgeheim erwarten, dass sie sich erfüllen soll? Mit dieser Übung können Sie das herausfinden und entdecken, was der wesentliche Unterschied zwischen einem Wunsch und einer Forderung ist.

ÜBUNG I

Nehmen Sie eine Situation aus Ihrem Leben, in der Sie sich eine Veränderung wünschen. Es spielt keine Rolle, um was es sich handelt. Ihr Wunsch kann sich auf Personen oder Sachverhalte beziehen. Und nun stellen Sie sich bitte vor, dass dieser Wunsch nicht in Erfüllung geht. Was spüren Sie in Ihrem Körper? Was fühlen Sie?

AHA-EFFEKT

- Wenn sich ein WUNSCH, der sich auf eine Person oder einen Sachverhalt bezieht, nicht erfüllt, erscheinen Trauer oder Enttäuschung. (Beispiel: Ich hätte mich gefreut, wenn er heute den Abwasch gemacht hätte.)
- Wenn sich ein WUNSCH, der sich auf Sie selbst bezieht, nicht erfüllt, erscheint entweder Einverständnis oder höchstens eine leichte Resignation. (Beispiel: Ich wäre heute gern joggen gegangen.)
- Wenn sich eine FORDERUNG, die sich auf eine Person oder einen Sachverhalt bezieht, nicht erfüllt, erscheinen Verärgerung oder Wut. (Beispiel: Ich hatte erwartet, dass er heute den Abwasch macht.)
- Wenn sich eine FORDERUNG, die sich auf Sie selbst bezieht, nicht erfüllt, erscheinen Verärgerung oder Wut. (Beispiel: Ich hätte heute joggen müssen.)

Und das ist der wesentliche Unterschied. Wenn Sie wütend werden, weil etwas nicht so eingetroffen ist, wie Sie es sich vorgestellt hatten, dann hatten Sie eine Forderung gestellt. An Ihrer Gefühlsreaktion können Sie ablesen, ob Sie vom Leben etwas wünschen oder etwas fordern. Wir können uns vieles vom Leben wünschen, und einiges davon trifft auch ein. Doch wir können nie etwas vom Leben fordern, weil das Leben macht, was es will, und nicht das, was wir wollen. Genauso verhält es sich mit den Lebensformen, die das Leben erschaffen hat, weil sie untrennbar mit dem Leben verbunden sind. Konkret bedeutet das, dass Sie nichts von Ihrem Chef, von Ihrem Partner oder von einer bestimmten Situation fordern können. Selbstverständlich können Sie versuchen, etwas Bestimmtes zu erreichen. Doch wenn Sie es fordern, geschieht es meist anders, als Sie denken. Allerdings kann mit ziemlicher Sicherheit gesagt werden, dass Sie wütend oder ärgerlich werden, wenn sich Ihre Forderung nicht erfüllt. Und dadurch schaden Sie sich selbst.

ÜBUNG II

Stellen Sie sich folgende Frage, und beantworten Sie sie bitte ganz spontan, aus dem Bauch heraus: »WIE WÜRDE ICH MICH FÜHLEN, WENN ICH ALLE FORDERUNGEN LOSLASSEN KÖNNTE?«

AHA-EFFEKT

Wenn wir unsere Forderungen loslassen können, wird das Leben freier und freundlicher. Der Kampf gegen das, was bereits ist, hört auf. Manchmal sind wir im Leben enttäuscht. Aber das ist etwas Gutes, denn wenn man sich das Wort »Enttäuschung« genau anschaut, fällt etwas auf: Wir sind ENT-TÄUSCHT. Die Täuschung, die uns so lange an der Nase herumgeführt hat, ist endlich weg. Seien Sie froh!

Ausweglos scheinende Situationen integrieren

Angenommen, Sie haben Liebeskummer. Die oder der Angebetete ist bereits vergeben, aber durch die Umstände bedingt sehen Sie diesen Menschen häufig. Das schmerzt Sie, und Sie kommen an den Punkt, an dem Sie sagen: »Ich halte das nicht mehr aus.« Möglicherweise kennen Sie andere Situationen in Ihrem Leben, in denen Sie sich hilflos fühlen und denken: »Ich halte das nicht mehr aus.« Manchmal äußert sich dieses Nicht-Aushalten in körperlichen Symptomen. Vielleicht wird es eng in Ihrem Brustkorb, vielleicht zieht sich der Magen zusammen, oder Sie bekommen Kopfschmerzen. Je mehr Sie sich in die bedrückende Situation hineinversetzen, desto schlimmer werden die körperlichen Symptome und umso schneller dreht sich das Gedankenkarussell.

»Ich halte das nicht mehr aus!« An dieser Stelle hört unser Denken normalerweise auf. Wir glauben, den Lebensumständen hoffnungslos ausgeliefert zu sein, und befürchten meist, dass noch Schlimmeres geschehen wird. In unserem Kopf spielt sich eine Geschichte ab, die uns eine dauerhaft düstere Zukunft prophezeit. In dieser leidvollen Situation begehen wir einen grundlegenden Fehler, weil wir den Gedanken, der uns einredet, dass wir es nicht länger aushalten, nicht zu Ende denken. Wenn wir das tun würden, gäbe es eine große Überraschung. Denken wir jetzt gemeinsam zu Ende!

ÜBUNG

Versetzen Sie sich gedanklich in die Situation, von der Sie glauben, dass Sie sie nicht mehr aushalten. Jetzt stelle ich Ihnen einige Fragen, die Sie bitte durchdenken. Wenn Sie Ihre Situation nicht mehr aushalten, was geschieht dann? Schildern Sie bitte Ihre neue Situation. Vielleicht sagen Sie »Dann bekomme ich keine Luft mehr« oder »Dann raste ich total aus«. Was geschieht mit Ihnen, wenn Sie keine Luft mehr bekommen oder total ausrasten? Gehen Sie bitte in sich, und finden Sie das heraus. Würden Sie ohnmächtig werden oder sogar sterben? Was ist die letzte Konsequenz?

AHA-EFFEKT

Sie ahnen es bereits. Der Gedanke »Ich halte es nicht mehr aus« ist nicht wahr, denn wenn wir ihn zu Ende denken, stellen wir schnell fest, dass die Situation keine bedrohliche Konsequenz hat. Der Glaube, dass man es nicht mehr aushält, hört sich viel mächtiger und bedrohlicher an, als er tatsächlich ist. Letzten Endes gibt es keine tödliche Wirkung, aber unser illusionäres Ich, das Ego, glaubt ständig, es sei dem Tode geweiht. Und so macht uns das unkontrollierbare Leben mit all seinen Erscheinungen Angst, und wir fühlen uns hilflos und wütend. Gefühle, egal, welcher Art, können uns nicht umbringen. Unser Ego kann das aber nicht akzeptieren, weil es sich von der Angstenergie »ernährt« und sich dadurch selbst erhält. Deshalb wehrt es Heilungsprozesse ab, die es überflüssig machen würden. Die Todesangst des illusionären Ich ist gleichzeitig seine größte Waffe, um das Spiel der Getrenntheit zu erhalten.

Doch Sie sind und bleiben das allumfassende Leben, das alle auftauchenden Inhalte erzeugt, umfasst, erträgt und akzeptiert. Manchmal fühlen wir uns gereizt oder hilflos. Aber wir sind nicht hilflos. Das zu erkennen, macht einen gewaltigen Unterschied aus. Sie sind das vollständige, vielfältige, unvergängliche, unangreifbare und zeitlose Leben. Und das hält alles aus.

Was ist meine Sehnsucht?

Vor einiger Zeit saß ich mit einer Bekannten in einem Café und fragte sie nach ihren Wünschen. Sie antwortete, sie wolle ihr Geschäftsfeld erweitern und wünsche sich deshalb mehr Kunden. Wenn das passiere, sei sie sicher zufriedener. Ich bemerkte, dass sie von ihrer eigenen Aussage nicht so recht überzeugt war, und fragte nach, ob sie vielleicht eine Sehnsucht in sich trage, vielleicht in Form eines inneren Bildes, das gelegentlich wiederkehre. Es könne sich dabei auch um eine ältere Sache aus der Kindheit handeln. Meine Bekannte wurde still, ihre Augen füllten sich mit Tränen, und sie antwortete: »Ganz ehrlich, am liebsten lebte ich irgendwo am Wasser mit einer eigenen Familie und hätte meine Ruhe.«

Diese Antwort unterscheidet sich deutlich von der zuvor gegebenen, denn sie stammt aus einer tieferen Ebene. Durch Erziehung und Umwelt sind wir jedoch darauf konditioniert worden, unsere Sehnsüchte zurückzustellen und schließlich zu vergessen. Dennoch sind sie weiterhin in uns vorhanden.

ÜBUNG

Finden Sie heraus, was Ihre wahren Bedürfnisse sind. Hier sind keine Wünsche wie ein neues Auto, ein Lotteriegewinn oder ein attraktiver Partner gemeint. Das sind Äußerlichkeiten, die Sie nicht erfüllen können und werden.

Stellen Sie sich die Frage »WAS IST MEINE WAHRE SEHNSUCHT?«, und warten Sie in Stille ab.

AHA-EFFEKT

Vielleicht taucht ein inneres Bild oder eine Erinnerung auf, die Sie als Wegweiser nutzen können, um Ihre natürliche Richtung zu finden. Forschen Sie tief nach, und seien Sie dabei liebevoll, offen und mutig. Ihre wahren Wünsche können schon seit Langem in Ihrem Inneren verschüttet sein, und häufig sind sie zunächst mit Gefühlen wie Trauer und Wut verknüpft, weil Sie nicht mehr an ihre Verwirklichung glauben. Wenn Sie alle erscheinenden Gefühle akzeptieren und sich das Auftauchen Ihrer tiefsten Sehnsucht gestatten, werden Sie bald eine tiefe Freude erleben. Seit Ihrer Kindheit wollten Sie den Anforderungen Ihres Umfelds gerecht werden und haben deshalb Ihre Sehnsüchte zurückgestellt. Doch nun haben Sie die Möglichkeit, sie zu erfüllen. Wenn Sie Ihre wahren Ziele verfolgen, unterstützt Sie das Leben dabei mit voller Kraft. Dann kann das Gefühl der Hilflosigkeit gehen und mit ihr die Trauer und die Wut. Auch das Gefühl, nichts im Leben sei Ihnen wohlgesonnen, verschwindet. Wenn Sie sich auf den Weg zu Ihrer wahren Sehnsucht machen, werden Sie nichts Wertvolles verlieren, sondern auf die Fülle des Lebens treffen. Vielleicht erfüllen sich dann auch einige Ihrer anderen Wünsche, aber jetzt brauchen Sie sie nicht mehr, um glücklich zu sein.

Das wirkliche Selbst fühlen

Häufig sind wir nicht nur mit einer vorhandenen Situation unzufrieden, sondern wir meckern auch an uns selbst herum. Wir finden uns zu groß, zu klein, zu dünn oder zu dick, zu hässlich oder vielleicht sogar zu dumm. Und wenn wir selbstkritisch genug sind, fallen uns manche Verhaltensweisen auf, die wir gern abstellen oder verbessern würden, was wir bisher aber nicht geschafft haben. Meckern fällt uns leicht, besonders hilfreich ist das allerdings nicht, wenn wir zu innerer Ausgeglichenheit gelangen wollen. Wenn wir nun unsere Aufmerksamkeit auf die positiven Aspekte in uns richten und auf das unendliche Potenzial, das diesen positiven Eigenschaften zugrunde liegt, können wir eine Weite in uns spüren, die uns vertraut und gleichzeitig neu vorkommt: eine Mischung aus Freude über das Wiedererkennen unserer wahren Natur und einer Restunsicherheit darüber, ob eine wesentliche Lebensverbesserung wirklich möglich ist. Sie können sich an dieser Stelle bereits sicher sein: Es ist möglich.

ÜBUNG

Setzen Sie sich bequem hin, in einen Sessel oder auf ein Sofa, und schließen Sie die Augen. Und nun stellen Sie sich eine Umgebung vor, in der Sie sich sicher und geborgen fühlen. Es kann ein Ort innerhalb eines Gebäudes sein oder ein Platz draußen in der Natur, der Ihnen besonders gut gefällt. Es kann auch ein Ort sein, der gar nicht existiert. Das Wichtige hierbei ist, dass Sie sich rundum wohlfühlen. Wenn Sie mögen, können Sie zu dieser Übung auch eine schöne Instrumentalmusik hören, die zu einer stillen und gehobenen Stimmung beiträgt.

Und nun stellen Sie sich vor, dass in einigem Abstand, vielleicht von ein paar Metern, Sie selbst vor sich auftauchen. Doch etwas ist anders. Sie blicken sich vor Ihrem geistigen Auge an und bemerken, dass Ihr Körper von einem weißen Licht durchdrungen ist. Es ist so, als ob das Licht aus dem Inneren des Körpers scheint. Und auch die Kleidung und der Gesichtsausdruck Ihres Gegenübers sind anders. Alles ist heller und freundlicher. Sie sehen Ihrem anderen Selbst in die Augen und fühlen Liebe, Güte und Warmherzigkeit. Die Sorgen und Anspannungen in Ihnen sind vollkommen verschwunden.

Zu was ist diese andere Version von Ihnen wohl fähig? Hat sie dieselben Begrenzungen, wie Sie sie zurzeit zu verspüren glauben? Sie stellen fest, dass die Liebe, die Sie fühlen, nicht nur von Ihrem Gegenüber ausgeht, sondern auch von Ihnen. Ihr Wunsch, aufzustehen und sich selbst in den Arm zu nehmen, wird immer stärker. Und das tun Sie jetzt auch.

Sie stehen auf – das kann auch nur im Geiste geschehen –, gehen langsam auf Ihr Selbst zu und fühlen, wie Ihr Herz sich öffnet. Vielleicht spüren Sie ein angenehmes Kribbeln, Berührtheit, Wärme oder vielleicht auch etwas Aufregung. Alles an Gefühlen darf jetzt da sein. Sie kommen sich selbst immer näher, und dann schließen Sie sich behutsam in die Arme. Wie fühlt sich das an? Jetzt sind Sie in sich selbst zu Hause angekommen.

Für eine Weile genießen Sie die wohlige Verbundenheit, und irgendwann lösen Sie Ihre Umarmung. Der Abstand ist wiederhergestellt, und für wenige Minuten sitzen Sie noch mit geschlossenen Augen auf Ihrem Platz. Langsam verschwindet die Vorstellung Ihres anderen Selbst. Jetzt öffnen Sie Ihre Augen in der tiefen Gewissheit, dass Sie niemals von sich getrennt sind.

AHA-EFFEKT

Durch diese Übung erhalten wir Kontakt zu einer anderen Version von uns und zum unbegrenzten Potenzial in dieser Welt. Diese Übung stärkt uns und verbindet uns mit unserem wahren Selbst. Wir fühlen, dass wir dauerhaft mit etwas verbunden sind, was viel größer ist als unsere Person. Selbstsicherheit und Urvertrauen können wachsen und heilen. Diese Übung können Sie jederzeit wiederholen, wenn Sie den Kontakt zu Ihrem wahren Selbst erneuern und stabilisieren wollen.

Wahre Liebe leben

Liebe wird häufig mit Besitz, Brauchen und Bedürftigkeit verwechselt. Deshalb kommt es in Beziehungen regelmäßig zu Schwierigkeiten. Solange die wahre Fülle im Leben nicht gefunden wird, ist uns nichts genug. Kein Partner, keine Lebenssituation und kein Geld können ausreichen. Erst wenn das Gefühl der Getrenntheit verschwindet, erscheinen wahres Mitgefühl und eine tiefe Liebe – im Erkennen, dass alles miteinander verbunden und reichlich von allem vorhanden ist. In einer wahrhaft liebevollen Beziehung kann Ihnen niemand gehören und Sie niemand betrügen. Der einzige Betrug wäre Ihr eigener Selbstbetrug, wenn Sie sich einreden, Sie könnten jemanden besitzen. Es ist aber nicht IHR PARTNER, sondern EIN PARTNER, mit dem Sie zurzeit eine Beziehung haben. Die Ganzheit der Liebe kennt weder Bedürfnisse noch Besitzansprüche. Hier finden Sie fünf wertvolle Tipps, die Ihnen helfen können, Ihre Beziehung auf einem neuen Niveau zu führen.

ÜBUNG

› Lernen Sie, wirklich zuzuhören. Wenn wir mit unserem Partner sprechen, legen wir uns meist schon vorgefertigte Antworten zurecht. Anstatt dem anderen wirklich zuzuhören, sind wir in Gedanken schon woanders, weil wir unbedingt unsere Meinung loswerden wollen. Üben Sie sich darin, Ihre inneren Kommentare und eine eventuell vorhandene Abwehrhaltung loszulassen. Seien Sie innerlich still. Dadurch erschaffen Sie für sich und Ihren Partner den notwendigen Raum für eine wahrhaftige Kommunikation. Die richtigen Antworten kommen von selbst.

- Werfen Sie Ihrem Partner nichts vor, sondern sprechen Sie von sich in der Ich-Form. Sagen Sie ganz offen, wie Sie sich fühlen, anstatt den anderen mit einer Du-Aussage anzugreifen.
- Versuchen Sie herauszufinden, ob Sie sich in einer Gesprächssituation im inneren Widerstand befinden. Sobald Sie anerkennen können, dass Sie Widerstand in sich haben, erzeugt das bereits den ersten Frieden.
- Sie brauchen unbewusste Handlungen anderer Menschen nicht wortlos hinzunehmen. Wenn Sie eine bestimmte Sache wirklich nicht wollen, sagen Sie in Ruhe zu Ihrem Partner: »Nein, das möchte ich nicht.« Ein wohlgesetztes »Nein« zeugt von einem bewussten Dasein in der Gegenwart.
- Wenn Sie das Gefühl haben, es könnte in einer Situation passen, sagen Sie liebevoll zu Ihrem Partner: »Ich brauche dich nicht, aber ich freue mich von Herzen, dass du da bist.«

AHA-EFFEKT

Dieser Umgang mit Ihren Mitmenschen zeugt von größter Wertschätzung und wahrhaftiger Liebe. Er führt zu echter Freiheit und echter Verbundenheit in Ihrer Beziehung. Vielleicht glauben Sie, dass Ihr Partner dafür da ist, Ihnen Liebe zu geben und Sie zu erfüllen. Doch mit dieser inneren Einstellung geben Sie Ihrem Partner Macht über Ihr Leben. Dann hat er die Macht, Sie zu komplettieren oder Ihnen ein Loch in Ihr Wesen zu reißen. Wollen Sie das wirklich? Niemand anderes kann uns erfüllen, egal, wie sehr wir daran glauben. Selbstverständlich ist das Zusammensein mit einer bewussten Partnerin/einem bewussten Partner schön. Wir dürfen unsere Beziehung beibehalten, und dabei ist es hilfreich, zu wissen, dass sie sich jederzeit ändern kann. So entsteht Dankbarkeit für das, was wir zurzeit haben.

Es ist nicht Ihr Mann oder Ihre Frau oder Ihr Haustier. Manchmal sagen wir das, weil wir Sprache in dieser Form benutzen. Erkennen Sie aber, dass Ihnen persönlich nichts gehört. Ihnen braucht nichts zu gehören, weil Sie bereits alles sind. Manchmal tragen wir Vorstellungen in uns, die uns einreden, dass noch etwas fehlt. Doch das Leben, das Sie sind, ist immer komplett, und das zu jeder Zeit.

Der Vertrag

Manchmal fühlt sich ein Kind im Familienalltag nicht gesehen und trifft eine folgenschwere Entscheidung: »Ich weiß nicht, wo ich hinsoll, damit ich mich geborgen fühle. Vollständig vertraue ich keinem, und ich bin wütend. Nur selten bekomme ich, was ich mir wirklich wünsche: echte Aufmerksamkeit. Mir reicht es. Ab jetzt mache ich alles allein.« Mit dieser Entscheidung verurteilt sich der junge Mensch dazu, zukünftig innerlich einsam durch das Leben zu gehen, egal, wie sich seine Beziehungen später im Außen darstellen. In diesem Fall ist es dann gleichgültig, was wir als Erwachsene tun oder mit wem wir zusammen sind. Unbewusst sind wir davon überzeugt, dass es besser ist, alles allein zu machen. Wenn dieses schädliche Gedankenmuster abläuft, verlieren wir das Gefühl, vom Leben sicher behütet zu sein. Wir spielen eine künstliche Rolle und entfremden uns von uns selbst und von unseren Mitmenschen, selbst, wenn das niemand sonst bemerkt.

Um aus der Falle der selbst gestrickten Einsamkeit herauszukommen, ist es erforderlich, den alten Vertrag aus der Kindheit »Ich mache alles allein« zu zerreißen. Sollten Sie die Nase voll davon haben, weiterhin eine Rolle in Ihrem Leben zu spielen, die Ihnen schon längst nicht mehr gefällt, erhalten Sie mit dieser Übung die Möglichkeit dazu.

ÜBUNG

Setzen Sie sich an einem Ort hin, an dem Sie sich sicher fühlen, und sagen Sie laut: »Ich entscheide mich jetzt dafür, nicht mehr einsam zu sein. Ich will verbunden sein. Ich will liebevoll sein, mir selbst gegenüber und der Welt. Auf wahre Nähe kann ich mich einlassen, und ohne Maske fühle ich mich gut. Echte Beziehungen verletzen oder töten mich nicht, sondern stärken und erfüllen mich.« Für Ihre neue Entscheidung können Sie selbstverständlich Ihre eigenen Worte wählen. Hauptsächlich kommt es darauf an, Ihre damals aus Wut und Frustration heraus getroffene Entscheidung grundehrlich und aus vollem Herzen rückgängig zu machen und Ihr Leben in eine heilsame Richtung zu lenken.

AHA-EFFEKT

Tränen der Erleichterung können fließen, weil Sie sich endlich aus Ihrem eigenen Gefängnis entlassen haben. Durch das Zulassen alter, blockierter Gefühle erfolgt eine Neuorientierung, und das Leben gestaltet sich sofort freundlicher. Sie werden Begegnungen als inniger und wahrhaftiger und nicht mehr als bedrohlich empfinden. Dieses neue Gefühl trügt Sie nicht, denn Sie sind als gleichberechtigtes Mitglied in das Netz des Lebens eingewoben. Sie sind nicht allein, sondern mit allem in Liebe verbunden.

Ich bin

Unser Name war die erste gedankliche Form, die unser Organismus nach der Geburt erhielt. Im frühen Kindesalter hatte sich unser wahres Selbst bereits vollständig mit dem Körper und dessen zugedachtem Namen identifiziert, und deshalb glauben wir, die Kombination aus beiden zu sein. Diesen grundlegenden Irrtum können wir mit dieser Übung näher beleuchten.

ÜBUNG

Erinnern Sie sich an die Übung »Ich muss mal«. Verwenden Sie jetzt Ihren eigenen Namen. Schließen Sie die Augen, und denken Sie folgenden Satz dreimal: »Ich bin (Vorname Nachname).« Beobachten Sie wieder Ihre Körperreaktion auf diesen Gedanken, und vergleichen Sie, ob diese sich von der Reaktion aus der anderen Übung unterscheidet.

AHA-EFFEKT

Wahrscheinlich kommt Ihnen dieser Gedanke noch wahrer und vertrauter vor als der Gedanke aus der »Ich muss mal«-Übung. Wenn Sie diesen Gedanken mehrmals bewusst denken und ihm nachspüren, reagiert Ihr Körper intensiver auf ihn als bei den vorherigen Beispielen. Grund dafür ist die Fehlidentifikation, die ich bereits erwähnte. Sie ist im menschlichen Leben zwar vollkommen normal und fast so alt wie die Menschheit selbst, trotzdem stellt sie die größte Ablenkung von der Wahrheit dar. Sie sind nicht Ihr Name, egal, wie sehr Sie auch daran glauben oder wie stark der Körper auf Ihren Namen reagiert. Der Name und seine Lebensgeschichte sind lediglich Teil des großen Spiels und erscheinen deshalb – genauso wie andere Inhalte – im Gewahrsein des mit einem Körper identifizierten Bewusstseins. Nach wie vor sind Sie das namen- und formlose Bewusstsein, das den Körper samt zugedachtem Namen unberührt und unbedroht wahrnimmt.

Unabhängige Entscheidungen

Jeden Tag treffen wir Entscheidungen. Wenn wir morgens aufstehen, entscheiden wir vielleicht, ob wir zuerst ins Badezimmer gehen sollen oder in die Küche, um die Kaffeemaschine anzustellen. Dann entscheiden wir vielleicht, was wir essen wollen, und danach, mit welcher Kleidung wir uns am wohlsten fühlen oder die Arbeitskollegen am nachhaltigsten beeindrucken können. Wir glauben, dass wir alle Entscheidungen willentlich treffen und zumindest in unserem nächsten Umfeld das Heft in der Hand haben. Wir haben das Gefühl, tun zu können, was wir wollen. Aber hier unterliegen wir einem grundlegenden Irrtum, weil es keinen freien Willen gibt. Obwohl es sich so anfühlt, können wir nicht aus dem Willen des einen Lebens herausfallen. Alles ist im gegenwärtigen Geschehen enthalten und wird von ihm erzeugt, auch widersprüchliche Gedanken, die das Gegenteil behaupten.

ÜBUNG

Setzen Sie sich in Stille hin, und forschen Sie nach, welche Entscheidungen Sie heute getroffen haben. Wie viele davon waren vollkommen unabhängig von anderen Geschehnissen?

AHA-EFFEKT

Ihnen wird auffallen, dass nicht eine Ihrer Entscheidungen unabhängig war, denn Ihr Entschluss, etwas zu tun oder zu erledigen, beruht ausnahmslos auf vorhergehenden gedanklichen Vorstellungen. Für jede Entscheidung gibt es frühere Grundlagen und Ereignisse. Wenn Sie also über sämtliche Grundlagen für Ihre Entscheidungen nachdenken würden, müssten Sie immer weiter zurück in die Vergangenheit gehen. Schließlich würden Sie bei Ihrer eigenen Geburt, dann bei der Geburt Ihrer Eltern und letzten Endes bei Adam und Eva ankommen. Sie befinden sich in einem verbundenen Geflecht aus Ereignissen, und alles, was Sie bisher vielleicht für Ihre eigene, unabhängige Entscheidung gehalten haben, ist die Reaktion auf einen bereits vorhandenen Impuls des Lebens. Dieses Netz aus Impulsen ist ein wesentlicher Bestandteil der zeitlosen Gegenwart, und Sie sind als ein Teil davon vollständig darin eingewoben.

Wenn Sie dies zum ersten Mal lesen und die dahinterliegende Wahrheit spüren, fragen Sie womöglich: »Bin ich nur so etwas wie eine willenlose Marionette?« Vielleicht fühlen Sie sich für eine kurze Zeit etwas hilflos. Alle Entscheidungen finden ohne ein Ich statt, das abgetrennt vom Ganzen etwas steuern kann. Das Leben trifft alle Entscheidungen. Es ist wie bei einem großen Ozean, der alle Wellen erzeugt. Es kann sein, dass sich eine bestimmte Welle sehr wohl fühlt und eine andere sich sehr schlecht. In beiden Fällen wird aber übersehen, dass es keine kleinen, getrennten

Wellen gibt, die vom Ozean hin und her geworfen werden, sondern dass sie in ihrer Essenz der Ozean sind, der stets in sich ruht, egal, wie es auf der Oberfläche aussieht.

Wenn Sie die wahre Bedeutung dieser Worte erfassen und akzeptieren können, fühlen Sie sich nicht mehr in Ihren Willensentscheidungen eingeschränkt, sondern Sie erleben ein Gefühl von Freiheit und tiefer Gelassenheit. Entspannen Sie sich, denn da ist niemand in Person, der etwas tun könnte. Alles geschieht genau so, wie es soll, weil das Leben sich entfaltet, wie es will. Es erscheint jeden Tag in Billionen Varianten, und eine davon sind Sie. Wir Menschen sind nicht die Regisseure. Das Leben ist der einzige Regisseur, und warum das Drehbuch so und nicht anders aussieht, ist ein Mysterium. Mit dieser tiefen Erkenntnis im Hintergrund können Sie als integraler Bestandteil des Lebens so tun, als ob Sie getrennt davon etwas tun, viele Entscheidungen treffen und innerhalb dieses Spiels leichter mitspielen.

Zufall oder Fügung?

Wissenschaftlich und analytisch orientierte Leute sagen oft, alles geschehe zufällig oder sei evolutionär bedingt. Andere Menschen hingegen glauben eher an Fügung. Häufig gibt es Diskussionen darüber, ob Dinge zufällig geschehen oder nicht. Ist also alles nur Zufall, oder gibt es so etwas wie Vorherbestimmung?

ÜBUNG

Stellen Sie sich vor, jemand nimmt einen Stein und wirft ihn in einen spiegelglatten See. Das Wasser wird Wellen schlagen, die in mehrere Richtungen laufen. Dass Wellen sich bewegen, ist klar, aber wir wissen nicht, wie viele es sind, welche Ausdehnung sie haben und wohin sie sich ausbreiten. Trotzdem erscheinen sie und bewegen sich in vollkommener Abhängigkeit zum gesamten Wasser.

AHA-EFFEKT

So in etwa funktioniert das Leben. Alles geschieht so, wie es soll. Zufälle gibt es nicht, weil alles miteinander verbunden ist. Zufall würde bedeuten, dass etwas unabhängig in einem bereits vollständigen System auftauchen kann. Aber nichts ist voneinander trennbar, denn alles taucht gleichzeitig als eins im Sein auf, in dem einen Bewusstseinsfeld. Vielleicht hilft hier das gedankliche Modell von einem vollständig verbundenen, mehrdimensionalen Raum, der keine Grenzen hat. Jenseits der unendlichen Verbundenheit existiert nichts, weil nichts jenseits der Unendlichkeit sein kann. Alles wird vom zeitlosen Sein gemacht, oder anders ausgedrückt: Alles läuft auf Autopilot. Das Erscheinen dieser Zeilen wird gemacht, das Lesen dieser Zeilen wird gemacht, und eine gedankliche Zustimmung oder Ablehnung dieser Worte, vielleicht gepaart mit einer dazu passenden Emotion, wird ebenfalls vom Sein gemacht. Zufall hat im zeitlosen, verbundenen Jetzt keinen Platz.

Der Begriff »Vorherbestimmung« kommt der Beschreibung des gegenwärtigen Geschehens schon etwas näher, wobei man auch hier bei der Wortwahl aufpassen muss. Bei »Vorherbestimmung« denken wir meist an ein persönliches Überwesen, das alles plant und schon jetzt weiß, was morgen passieren wird. Hier sind wir bei den Themen »Zeit« und »lenkender Gott«, was beides aber nur auftauchende Konzepte im Gewahrseinsraum sind. Wir können die Verbundenheit des Seins und seine Abläufe nicht verlassen. Im Raum des Lebens gibt es keine Lücken, weil alles eins ist. Ergo gibt es so etwas wie Vorherbestimmung, aber keinen »Vorherbestimmer«. Der Ausdruck »automatisch ablaufende Fügung« ist hier wohl am besten geeignet.

Wo ist Gott?

Manchmal sehnen wir uns nach Gott oder einer liebevollen höheren Macht und haben gleichzeitig Angst davor, von ihr bestraft zu werden. Doch zu glauben, Gott oder die Liebe könnten strafen, ist der Glaube des Egos und zeigt seine Widersprüchlichkeit. Der riesige Irrtum über das Wesen Gottes beschert uns seit vielen Jahrhunderten Kriege und eine kollektive Machtlosigkeit. Doch Sie können sich hier und jetzt von diesem Irrtum befreien und gelangen aus dem Gefängnis eines alten Glaubens in die Freiheit des gegenwärtigen Seins.

ÜBUNG

Was und wo ist Gott? Folgende Fragen werden Ihnen helfen, das herauszufinden. Nehmen Sie sich für diese Übung etwas Zeit. Befassen Sie sich mit jeder Frage, und beantworten Sie sie. Gehen Sie dann zur nächsten Frage weiter.

- Wenn es einen allmächtigen Gott gibt, ist er dann allumfassend und alles durchdringend?
- Umfasst und durchdringt Gott dann auch Sie, jeden Baum, jede Blume und jedes Atom?
- Wenn Gott Sie umfasst, befinden Sie sich dann in Gott?
- Wenn Gott Sie durchdringt, befindet sich Gott dann in Ihnen?
- Wenn Sie in Gott sind und er in Ihnen, sind Sie dann ein Teil Gottes und ebenfalls göttlich?
- Wenn Sie ebenfalls göttlich sind, gibt es dann noch eine Trennung zwischen Ihnen und Gott?

- Wenn Gott alles umfasst und durchdringt, ist dann alles Gott?
- Befindet sich »Ihr Gott« jetzt noch allein und getrennt von Ihnen und allem anderem »da oben«, im Himmel?

AHA-EFFEKT

Gott ist alles und drückt sich als alles aus. Er ist jeder Mensch, jedes Staubkorn, jeder Windhauch und jeder Gedanke. Gott ist das gegenwärtige Leben. Deshalb existiert Er-Sie-Es nicht getrennt von Ihnen woanders. Gott ist auch Sie. Nun fragen Sie sich vielleicht, ob es noch Sinn ergibt, weiter den Begriff »Gott« zu benutzen. Falls Sie sich damit nicht wohlfühlen, können Sie diesen Namen durch etwas Neutraleres wie »Leben«, »Sein« oder »Bewusstsein« ersetzen. Erkennen Sie aber, dass alle Bezeichnungen nur flüchtige Ideen sind, die aus dem Inhaltsbereich des Bewusstseins stammen, der Dualität. Existiert keine Regung des Bewusstseins, kein »Ich bin«, gibt es auch kein Konzept von Gott. Doch egal, welche Bewegungen das Bewusstsein erfährt, Ihre ursprüngliche Essenz bleibt von allen gedanklichen Konzepten unberührt, und Sie leben weiter in vollkommener Einheit mit der unsterblichen Gegenwart.

Der König sagte zum Weisen:
»Ich gebe dir die Hälfte von meinem Königreich,
wenn du mir zeigst, wo Gott ist.«
Der Weise antwortete dem König:
»Und ich gebe dir zwei von deinen Königreichen,
wenn du mir zeigst, wo Gott nicht ist.«

Ein hilfreiches Gebet

Wenn sich das Bewusstsein mit einer Person samt Namen und Körper identifiziert, fühlt es sich getrennt, und die Einheit ist nicht mehr erfahrbar. Sollten wir göttlichen Beistand benötigen, wird deshalb der Irrtum, ein einzelnes, abgetrenntes Wesen zu sein, in Form eines überdimensionalen, individuellen Gottes nach außen projiziert. Das kleine menschliche Ego erschafft dadurch ein ihm ähnliches Wesen, aber in allmächtiger und allwissender Form. Und danach fragen wir dieses Überwesen ratlos, warum es Leid, Armut und Kriege zulässt.

ÜBUNG

Wie Sie mit der Übung »Wo ist Gott?« feststellen konnten, gibt es keinen von uns getrennten Gott. Wir sind Teil des Göttlichen und davon nicht trennbar. Schließen Sie Ihre Augen, und stellen Sie sich eine Welle in einem unendlichen Ozean vor. Wo hört der Ozean auf, und wo fängt die Welle an? Wo hört das eine, verbundene Leben auf, und wo fangen Sie an? Gibt es eine exakte Trennlinie, einen Unterschied zwischen Ihnen und dem göttlichen Sein?

AHA-EFFEKT

Durch die Beschäftigung mit dieser Frage kann sich die Identifikation des Bewusstseins mit dem persönlichen Ich auflösen. Es erscheint die Erkenntnis, dass es keine Getrenntheit, sondern nur einheitliche Verbundenheit gibt. Damit kann auch der Glaube an einen von uns getrennten Gott verschwinden, der uns führt oder über uns urteilt. Doch solange das Ego uns steuert, wird es unmöglich sein, ein umfassendes Seinsgefühl zu entwickeln. Zwar können wir uns jederzeit vorstellen, dass das Göttliche einheitlich und alles durchdringend ist. Befinden wir uns jedoch in einer Notlage, fühlen wir uns normalerweise sofort wieder getrennt. Und schon wenden wir uns wieder mit einem Gebet an Gott als ein getrenntes Wesen, damit Er, Sie oder Es uns aus unserer belastenden Situation heraushilft. Trotzdem kann ein Gebet helfen, denn dann sprechen wir zu unserer eigenen Essenz, anstatt – wie wir bisher vielleicht glaubten – zu einem von uns getrennten Wesen. Gäbe es eine Grenze zwischen dem Göttlichen und uns, wie könnte dann ein Gebet den Empfänger erreichen? In einem Gebet sprechen wir mit uns selbst oder, anders ausgedrückt, das Sein/das Leben spricht mit sich selbst. Und deshalb kann es auch hören, was gesagt wird, und in seiner Weise antworten. Sie können das Sein auch weiterhin mit »Gott« – oder was Ihnen besser gefällt – ansprechen. WENN SIE GÖTTLICHE HILFE ERFAHREN, ERFAHREN SIE SELBSTHILFE. Das Ego kann das in seinem Trennungswahn aber nicht erkennen, und darum glaubt es, Gott sei ein unabhängiges, übermächtiges Wesen. Entfällt die Identifikation mit dem Ich, erkennt das Leben sich selbst als alles – und als bedingungslose Liebe. Das ist, was Sie wirklich sind.

Hierzu gibt es einen schönen Spruch:
»Sei still, wisse: Ich bin Gott.«

Das Glasholzding

Diese Übung dient dazu, die Vorstellung eines vom Leben getrennten Daseins weiter aufzulösen und zu erkennen, dass alle Dinge, Geräusche, Gerüche, Pflanzen, Tiere und Menschen untrennbar zusammengehören. Ein Ozean kreiert zwar viele unterschiedlich aussehende Wellen, die kommen und gehen, doch bleibt alles immer nur dasselbe Wasser.

ÜBUNG

Nehmen Sie ein Glas, und stellen Sie es vor sich hin, vielleicht auf einen Tisch. Falls Sie kein Glas zur Verfügung haben, nehmen Sie bitte einen anderen Gegenstand. Schauen Sie sich die Konstellation an, und beschreiben Sie sie kurz in Gedanken. Etwa so: »Das Glas steht auf dem Tisch.« Nun stellen Sie sich vor, Sie hätten noch nie etwas von einem Glas oder einem Tisch gehört. Sie kennen nicht ihre Bedeutungen, ihre Eigenschaften oder physikalische Beschaffenheiten. Zudem verfügen Sie nicht über Konzepte von Abständen, Zwischenräumen und Atomen. Sie stellen sich hier vollkommen unwissend, wie ein Außerirdischer, der zum ersten Mal dieses »Glasholzding« erblickt.

Woher wüssten Sie, dass Glas und Tisch NICHT EINE EINHEIT bilden? Zwar sieht der gläserne Anteil des Gebildes anders aus als der Tischanteil, aber das könnte ja das Wesen dieser Erscheinung sein. Ohne Ihre angesammelten gedanklichen Konzepte würden Sie nicht denken können, dass Glas und Tisch getrennt voneinander sind.

Nun sehen Sie sich erneut um, und lassen Sie alle trennenden Ideen los. Stellen Sie sich vor, dass alles zusammen hier auftaucht. Spüren Sie jetzt Ihr Inneres beim Betrachten der Außenwelt, ohne etwas in Gedanken zu kommentieren. Seien Sie ganz ruhig. Wie fühlt sich das an? Wird es friedlicher? Was fühlen Sie, wenn Sie nun sich selbst und Ihr gesamtes Innenleben in diese einheitliche Betrachtungsweise einbeziehen?

AHA-EFFEKT

Auch »Sie« tauchen, inklusive Gedanken und Gefühlen, gleichzeitig mit allem hier auf. Ohne trennende Gedanken empfinden Sie alles wieder einheitlich, und nichts, was Sie wahrnehmen, kann Sie bedrohen. Alles gehört zusammen, so, wie es schon immer war. Sie hatten es nur vergessen. Erinnern Sie sich jetzt wieder: Alles ist eins, es sieht bloß unterschiedlich aus.

Zähneputzen nicht vergessen

Meine damalige spirituelle Lehrerin sagte einmal zu mir: »Hier ist niemand drin.« Zunächst hatte mir diese Aussage Angst gemacht, und ich fühlte mich hilflos und unfrei, so wie eine Marionette, die ferngesteuert wird. Doch als ich erkannte und akzeptierte, dass alles nur vom Sein gemacht wird und es nichts gibt, was man dagegen unternehmen kann, wandelte sich das Gefühl der Hilflosigkeit in ein Gefühl von Erleichterung und Freiheit.

ÜBUNG

Wenn Sie ins Badezimmer gehen, um sich die Zähne zu putzen, achten Sie darauf, was Sie dabei denken. Sind Sie in Gedanken beim Zähneputzen, oder sind Sie mit etwas anderem beschäftigt? Oder vielleicht denken Sie in diesem Moment gar nichts. Trotzdem werden die Zähne geputzt. Ist das nicht seltsam? Wo ist gerade dieses Ich, das immer alles unter Kontrolle haben will?

AHA-EFFEKT

Die Lösung lautet: Es ist kein Ich vorhanden, das Zahnpflege betreibt. Das Sein putzt dem auftauchenden Körper die Zähne, aber nicht eine Person sich selbst. Und deshalb kann Ihr Körper diese Tätigkeit auch in absoluter gedanklicher Stille durchführen. Am Durchschauen dieses einfachen Sachverhalts kann die Identifikation mit einem illusionären Ich bereits zerbrechen.

Diese Situation könnte man wissenschaftlich betrachten und wie mit einem Mikroskop in das Geschehen hineinzoomen. Dann würde man vielleicht nur noch ein Herumflitzen der Moleküle und Atome sehen, und wenn man noch weiter hineinzoomen würde, gäbe es vielleicht nur noch unendlichen Raum. Wo hat da noch eine Person samt Zahnbürste Platz? Alles geschieht wie ein einziger Tanz, ohne ein beteiligtes Individuum. Auf dieser Ebene des Daseins, der Spielebene, wird so getan, als ob wir diejenigen sind, die etwas tun. Dennoch wird alles vom Sein gemacht, und in noch tieferer Erkenntnis geschieht gar nichts, weil es keine Zeit gibt und damit weder Ursache noch Wirkung.

Das ist wahre Freiheit, denn jetzt können Sie tun, was Sie wollen, und Ihrem wahren Wesen kann nichts geschehen. Sie brauchen keine Angst zu haben, dass Sie jetzt vielleicht faul werden oder kriminell. Dieser Organismus ist so angelegt, wie es sein soll. Wenn der auftauchende Charakter kein Faulpelz oder Bankräuber ist, wird er sehr wahrscheinlich nicht losgehen, um einen Safe zu knacken, sondern lieber einen Kaffee trinken gehen.

Was gehört mir?

Irgendwann werden wir alle sterben. Besser gesagt, die Körper werden sterben. Das, was Sie wirklich sind, ist unsterblich. Wenn sich die Wellen auf dem Ozean wieder legen, bleibt der Ozean bestehen. Sie sind wie der Ozean, auch wenn Sie sich zurzeit vielleicht wie eine einzelne Welle vorkommen, die vom Leben (vom Ozean) bewegt wird. Alle Lebensformen kommen und vergehen wieder. Dazu gehören natürlich auch die menschlichen Formen.

ÜBUNG

Stellen Sie sich bitte folgende Frage: »WAS GEHÖRT WIRKLICH NUR MIR?«, und lauschen Sie im Inneren auf eine Antwort.

AHA-EFFEKT

Kann es sein, dass Ihr Körper, alle Ihre Vorstellungen, Gefühle und selbst Ihr Wille auch von der einen wahren Quelle kreiert werden? Auf ausdrücklichen Wunsch des Lebens tauchen wir hier als Mensch auf, um dann wieder zu verschwinden. Das Leben mit seiner unendlichen Schöpferkraft ist der einzige Eigentümer von allem. Was könnte uns dann gehören? Wozu müsste uns etwas gehören und zu unserem persönlichen Eigentum erklärt werden, wenn uns sowieso schon alles zur Verfügung gestellt wird?

Ein Zen-Meister schaute in die Runde,
hob seinen Finger und fragte:
»Was fehlt in diesem Moment?«

In Stille

Im Unterschied zur Übung »Die Dinge kommen und gehen« liegt der Fokus bei dieser Übung darauf, eine gewisse Zeitspanne ohne ein Ich zu erfahren. Seien Sie in den folgenden Minuten gelassen, und haben Sie nicht vor, persönlich etwas zu erreichen.

ÜBUNG

Setzen Sie sich in einer für Sie bequemen Haltung an einen Ort, an dem Sie ungestört sind. Beobachten Sie Ihre Gedanken, wie sie kommen und gehen. Dabei können Sie Ihre Augen offen oder geschlossen lassen. Während des Beobachtens der Gedanken kann es passieren, dass sie weniger werden. Versuchen Sie, still zu werden, und achten Sie aufmerksam auf eventuell entstehende Lücken zwischen den Gedanken. Vielleicht werden die Lücken größer, und die durch sie hervorscheinende Stille nimmt in Ihnen zu. Fühlen Sie diese Stille, und forschen Sie nach, ob Sie sie in Ihrem ganzen Körper spüren können.

AHA-EFFEKT

Womöglich bleiben die Gedanken weg, und übrig bleibt ein Gefühl von lebendiger Präsenz. Sollte es so sein, verbleiben Sie in diesem Gefühl, und genießen Sie es so lange, wie Sie es als angenehm empfinden. Wenn es Ihnen gelungen ist, die gedankliche Stille in sich zu fühlen, haben Sie eine wichtige Erfahrung gemacht:

Sie existieren ohne ein gedankliches Gebilde namens Ego.

Wenn das illusionäre Ich reduziert wird oder verschwindet, fällt der Körper nicht tot um. Im Gegenteil: Das Leben, das Sie sind, kann sich ohne Gedanken viel besser durch den Körper spüren.

Die Gedanken werden zurückkommen, und das ist vollkommen natürlich. Es geht hier darum, zu einer gesunden Ausgeglichenheit zwischen Zeiten des Denkens und Zeiten der inneren Ruhe zu gelangen. Ich empfehle Ihnen, diese Übung regelmäßig durchzuführen, damit sich Ihr wahres Selbst in der Stille, in einem absichts- und egolosen Zustand, wiederfinden und stabilisieren kann. Ihr Leben wird zunehmend in Fluss kommen, Ihr Organismus kann sich womöglich von einigen Störungen befreien, und Sie werden für Ihre Aktivitäten mehr Kraft und Lebensfreude zur Verfügung haben.

Keine Zeit

Wenn Dinge geschehen oder wenn wir etwas tun, haben wir das Gefühl, dass dabei Zeit vergeht. Manchmal scheint sie schneller zu verlaufen und manchmal langsamer. Zeit scheint für vieles verantwortlich zu sein. Doch gibt es Zeit? Lassen Sie uns jetzt gemeinsam und ganz genau hinschauen.

ÜBUNG

Setzen Sie sich entspannt in einen Sessel, und schauen Sie sich um. Wo ist gestern? Wo ist morgen? Was ist jetzt? Wo ist die Zeit, jetzt in diesem Moment?

AHA-EFFEKT

Sie könnten jetzt auf Ihre Uhr schauen und sagen: »Hier ist die Zeit.« Doch tatsächlich sind es nur zwei Zeiger, die sich bewegen. Wenn Sie aufstehen und woanders hingehen, ist es immer noch der jetzige Moment. Man kann den jetzigen Moment nicht verlassen. Alles, was vorher war, ist verschwunden. Es ist vergangen. Die sogenannte Vergangenheit taucht nur noch als eine gedankliche Erinnerung im jetzigen Moment auf. Alle Erinnerungen finden nur in der Gegenwart statt, genauso wie alle Gedanken, die sich auf eine Zukunft beziehen.

Das Phänomen »Zeit« taucht immer in Verbindung mit einem persönlichen Empfinden auf. Das Ego, unser illusionäres Ich, besteht aus einem Geflecht von Gedanken, die sich auf eine vorgestellte Vergangenheit, Gegenwart und Zukunft beziehen. Dazu gesellen sich häufig innere Bilder, und gemeinsam mit den Gedanken spannen die Bilder einen illusionären Zeitstrahl auf, der sich anscheinend von einer Vergangenheit in die Zukunft bewegt. Doch bei genauer Betrachtung taucht jedes Geschehen nur in der zeitlosen Gegenwart auf. Vielleicht hilft es hier zunächst, sich vorzustellen, dass sich die zeitlose Gegenwart ständig neu konfiguriert. Doch weil die Gegenwart keine Ausdehnung hat, ist tatsächlich nichts geschehen, nichts geschieht und nichts wird geschehen, auch wenn es anders erscheint. Das Sein tut nichts, es ist ganz einfach dieser Moment. Und dafür braucht es keine Zeit.

Auf die Zukunft warten

Gewöhnlicherweise machen wir uns einige Sorgen über die Zukunft. Doch was hat es mit dieser Zukunft auf sich? Gibt es sie wirklich? Um das herauszufinden, werden wir jetzt gemeinsam für eine kurze Zeit auf die Zukunft warten.

ÜBUNG I

Warten Sie jetzt auf die Zukunft, und zählen Sie dafür laut und langsam von 5 bis 1 herunter. Beginnen Sie jetzt.

5 – 4 – 3 – 2 – 1

Sind Sie jetzt in der Zukunft angelangt? Oder ist es immer noch die Gegenwart? Lassen Sie uns diese Übung noch einmal in leicht abgeänderter Form wiederholen.

ÜBUNG II

Zählen Sie bitte wieder laut und langsam von 5 bis 1 herunter. Doch nun machen Sie nach jeder Zahl eine kleine Pause.

5 – PAUSE (Es ist immer noch die Gegenwart, oder? Bitte zählen Sie weiter.)
4 – PAUSE (Es ist immer noch die Gegenwart, oder? Bitte zählen Sie weiter.)
3 – PAUSE (Es ist immer noch die Gegenwart, oder? Bitte zählen Sie weiter.)
2 – PAUSE (Es ist immer noch die Gegenwart, oder? Bitte zählen Sie weiter.)
1 – PAUSE (Es ist immer noch die Gegenwart.)

Ist das nicht merkwürdig? Es ist immer noch der jetzige Moment. Ab wann beginnt die Zukunft? Beginnt sie erst später, in einigen Minuten, in einigen Tagen oder in einigen Wochen?

AHA-EFFEKT

Egal, wie lange wir warten, man kann den jetzigen Moment nicht verlassen. Sie könnten auch 50.000 oder 5 Million Sekunden zählen, Sie würden immer wieder in der Gegenwart landen. Das bedeutet, dass es keine Zukunft gibt und wir uns Sorgen über einen nicht existierenden Zeitraum machen. Wir glauben meist, dass es noch etwas anderes gibt als die Gegenwart. Dadurch entsteht eine innere Kluft zwischen der jetzigen Realität und einem davon abweichenden Gedanken. Und diese Kluft füllt sich normalerweise mit Sorgen und Ängsten, weil wir in ihr keine Sicherheit finden können. Gegen eine nebulöse Wolke können wir nichts ausrichten. Aber wenn wir erkennen, dass uns sämtliche Herausforderungen des Lebens ausschließlich in der Gegenwart begegnen, haben wir konkrete Handlungsmöglichkeiten, anstatt uns auszumalen, was morgen sein könnte. Dann spielt die Zukunft keine Rolle mehr.

Die Vergangenheit herbeiholen

Genauso, wie es keine Zukunft gibt, gibt es auch keine Vergangenheit. Wenn wir mit offenem Bewusstsein hinschauen, erkennen wir, dass es nur den jetzigen Moment gibt. Alles, was sich auf eine sogenannte Vergangenheit bezieht, sind nur innere Bilder und Gedanken, die in der Gegenwart erscheinen.

ÜBUNG

Stellen Sie sich vor, Sie holen ein altes Foto aus einem Album, um zu beweisen, dass es eine Vergangenheit gibt. Vielleicht würden Sie mir dieses Foto zeigen und sagen: »Das war ich vor ein paar Jahren.« Dann würde ich Sie fragen: »Wann taucht dieses Foto samt Ihrer Geschichte dazu auf?«
Denken Sie bitte über diese Frage nach.

AHA-EFFEKT

Nach kurzer Überlegung würde Ihre Antwort wahrscheinlich lauten: »Jetzt.« Und das stimmt, denn alles taucht immer nur in der Gegenwart auf. Man kann ihr nicht entfliehen. Mit dieser Erkenntnis kommt die Chance, sich neu zu definieren und die sogenannte Vergangenheit gehen zu lassen. Sie taucht bloß als gedankliche Vorstellung samt passender Geschichte dazu im Jetzt auf und hält uns wie ein starker Magnet vom bewussten und kraftvollen Leben in der Gegenwart ab. Messen Sie Ihrer Vergangenheit keine große Bedeutung bei, denn sie existiert nicht. Sie ist vergangen.

Viele Menschen können das aber noch nicht sehen, weil ihr Ego die Vergangenheit als Identifikationsfläche und Sündenbock braucht. Das Ego liebt das Drama und sagt gern: »Seht her, was die Vergangenheit aus mir gemacht hat!« Es macht hier keinen Unterschied, ob man sich mit der Rolle einer erfolgreichen oder einer nicht erfolgreichen Person identifiziert. Beide Personen haben Angst davor, von ihrer Rolle abzulassen, weil sie befürchten, ihre Identität zu verlieren. Doch da liegt eine Verwechslung vor zwischen einer vorübergehenden Rolle und unserer wahren Identität. Wir erscheinen hier als Mensch in einer Funktion, die der Vergänglichkeit unterworfen ist. Doch das, was wir wirklich sind, ist viel größer und bedeutsamer als das. Sie ERSCHEINEN für eine begrenzte Zeit als Ausdrucksform des Lebens, vielleicht als Lehrerin, als Angestellter, als Elternteil oder als Unternehmer. Aber Sie SIND keine Lehrerin, kein Angestellter, kein Elternteil und kein Unternehmer. Sie sind das unangreifbare, unsterbliche und liebevolle Leben.

Unschuldiges Leben

Wie wir gesehen haben, ist das hier alles. Es gibt nur die Gegenwart, und das hat eine enorme Bedeutung. Ohne zeitliche Ausdehnung gibt es weder Ursache noch Wirkung. Und deshalb haben Sie weder Ursache noch Wirkung. Das bedeutet, dass Sie nicht so existieren, wie Sie es bisher vielleicht geglaubt haben. Das Leben funktioniert ohne ein Ich, aber ein Ich kann nicht ohne Leben sein. Deshalb ist das Leben die einzige Wirklichkeit. Wenn das als wirklich erkannt ist, wird das Konzept eines getrennten Individuums überflüssig. Und es gibt nichts zu fürchten, denn ein Leben ohne Ich fühlt sich an wie reine, allumfassende Liebe. Das Leben lebt weiter wie bisher.

ÜBUNG I

Stellen Sie sich vor, Sie wären heute Morgen zum ersten Mal in diesem Leben aufgewacht. Es hat nie ein Gestern gegeben. Alles ist neu und frisch. Wie würden Sie sich fühlen? Was ist mit den Menschen, die Ihnen angeblich früher etwas angetan haben? Hätte das noch eine Bedeutung für Sie? Was ist mit den Dingen, die Sie früher angeblich getan oder unterlassen haben?

AHA-EFFEKT

Alle leidvollen Geschichten sind nur im Jetzt erscheinende Gedankenmuster, die uns etwas einreden wollen. Sie haben mit der Wirklichkeit unserer Natur nichts zu tun. Erwarten Sie nicht, dass sich jemand bei Ihnen entschuldigt, sondern erkennen Sie:

Da ist niemand in Person,
der jemals etwas angerichtet hat.

Seien Sie bereit, Ihr wahres Wesen zu erkennen. So gelangen Sie zur Vergebung und zur Einsicht, dass sogar Vergebung ein unnötiges Konzept ist, weil niemand in Person existiert, dem man vergeben müsste. Alles ist eins, und Trennung existiert nicht. Diese Aussage ist womöglich schwer zu akzeptieren, weil wir in unseren Köpfen und in unseren Geschichtsbüchern viele Beispiele für unverzeihliche Dinge finden können. Dagegen steht die erleuchtete Einsicht, dass es keine Zeit gibt, sondern nur die Gegenwart. Hier läuft ein geniales Spiel des Lebens ab, dass die Buddhisten »Maya« nennen, und nur selten wird es vollständig durchschaut.

Sie sind das Leben, und es hat sich auch als Sie mit Ihrem Namen erschaffen, genauso wie es alles andere erschaffen hat. Es existiert keine Trennung zwischen Ihnen und dem Anderen. Alles geschieht in untrennbarer, einheitlicher Verbundenheit. Es gibt nur die zeitlose Gegenwart, daher gibt es weder Ursache noch Wirkung und auch keine Moral. Daraus folgt: Sie sind absolut unschuldig. Alles ist unschuldig, denn es geschieht, wie es geschieht. Es gibt keine Schuld. Niemand hatte Schuld, hat Schuld oder wird jemals Schuld haben können. Sie sind unschuldig und frei, genauso wie Ihre Nächsten. Vergeben Sie ihnen, und spüren Sie, dass Sie eins mit ihnen sind.

ÜBUNG II

Achten Sie darauf, dass durch diese neue Erkenntnis kein Stolz entsteht – nach dem Motto: »Ich habe ihm vergeben, kein Problem, ich stehe jetzt über den Dingen.« Es ist kein Ich anwesend, das besser sein könnte als ein anderes Ich. Das Ich, das glaubt, vergeben zu können, ist nur ein Gedanke, der im Bewusstseinsfeld erscheint. Er kommt und geht und hat deshalb keine dauerhafte Substanz. Erwarten und fordern Sie nichts vom Leben, vergeben Sie sich und den sogenannten Anderen, dass Sie auf die Illusion der Trennung hereingefallen sind. Sie hatten keine andere Wahl. Und jetzt sind Sie frei.

Sterben üben

Wenn die Identifikation mit dem Ich zerbricht, erhalten wir zwar keine übermenschlichen Fähigkeiten, können aber das ganze Leben gelassener betrachten. Egal, was geschieht, im Hintergrund existiert ein Frieden, der jede Lebenssituation durchdringt. Einige spirituelle Lehrer sagen: »Man muss sterben, bevor man richtig leben kann.« Diese Aussage könnte eine gewisse Unruhe erzeugen, dennoch ist ihr Kern wahr. Wer eine übermäßige Angst vor dem Tod hat, der hat auch eine übermäßige Angst vor dem Leben. Weil das Leben macht, was es will, fühlen wir uns manchmal von ihm bedroht. Das Ego hat Angst vor Veränderung, vor Verkleinerung und vor seiner eigenen Auflösung. Doch wenn sich die Illusion eines getrennten Ich erst einmal aufgelöst hat, entfallen viele Ängste, und wir können eine tiefe Verbundenheit mit der Welt spüren. Deshalb ist es sehr hilfreich, sich rechtzeitig mit dem Thema »Tod« auseinanderzusetzen. Diese Übung ist für die besonders Mutigen!

ÜBUNG I

Legen Sie sich an einem bequemen und sicheren Ort hin, und stellen Sie sich folgende Situation vor: Sie befinden sich ganz allein auf einer Expedition im dichten Urwald. Neugierig erforschen Sie das Gebiet, und dabei berühren Sie mit Ihrer Hand einige Pflanzen. Plötzlich fühlen Sie einen heftigen Stich in Ihrer Hand, und die betroffene Stelle schwillt sofort an. Eilig schauen Sie in dem Pflanzenratgeber nach, den Sie in Ihrem Rucksack haben. Bestürzt stellen Sie fest, dass Sie sich soeben an einer extrem giftigen Pflanze verletzt haben, für deren Gift es kein Gegenmittel gibt. Sie haben nur noch eine halbe Stunde zu leben.

Nehmen Sie wahr, welche Gefühle nun in Ihnen aufsteigen. Wahrscheinlich bekommen Sie Angst oder sogar Panik, und ein Gefühl der Hilflosigkeit überwältigt Sie. Doch bald wird es etwas ruhiger in Ihnen, und Sie beginnen, darüber nachzudenken, was Sie noch hätten erledigen wollen und welche Dinge zwischen Ihnen und Ihren Nächsten noch unausgesprochen sind. Wenn Sie die Gelegenheit dazu hätten, was würden Sie noch klären und sagen wollen? Denken Sie auch darüber nach, wie Sie beerdigt werden möchten. Was genau soll auf Ihrem Grabstein stehen?

AHA-EFFEKT

Sie werden feststellen, dass vieles, was Sie bislang für wichtig hielten, nun völlig in den Hintergrund tritt. Vielleicht bedauern Sie, bestimmte Dinge in Ihrem Leben nicht getan zu haben, obwohl Sie die Möglichkeit dazu gehabt hätten. Und das ein oder andere klärende Wort wäre bestimmt auch sehr hilfreich gewesen. In der Übungssituation ist es dafür zu spät. Doch jetzt, in der Gegenwart, haben Sie noch die Gelegenheit dazu. Gehen Sie also jetzt los, erfüllen Sie Ihre Sehnsüchte, und klären Sie mit Ihren Mitmenschen, was noch zu klären ist. Ihnen wird ein riesiger Stein vom Herzen fallen, wenn Sie diese Aufgaben erledigt haben. Dann können Sie sich kraftvoll auf einen neuen und viel freundlicheren Dschungel des Lebens einlassen. Die wunderbare und vielfältige Welt der Erscheinungen ist für Sie da, und Sie dürfen an ihr teilhaben. Weil es kein persönliches Ich gibt, können wir nichts persönlich tun oder erreichen. Diese Tatsache ist aber kein Ausdruck von Hilflosigkeit, sondern von fast grenzenloser Freiheit. Jetzt sind wir frei, zu tun, was uns gefällt.

Alles ist erleuchtet

Gelegentlich gibt es den Wunsch nach Erleuchtung. Wenn dieses Streben erscheint, wechselt der scheinbare Ich-Apparat seine Funktion, denn nun tauchen Wünsche und Ziele auf, die sich nobler und heiliger anfühlen als andere Bestrebungen im Leben. Doch erleuchtet zu sein, ist kein besonderer Zustand, sondern der Normalzustand des Lebens (des Seins) selbst. Es ist schon alles erleuchtet, bloß wird das nicht immer erkannt. Stellen Sie sich einen Bewusstseinsraum vor, in dem alles auftaucht. Und weil das Sein in seinen Erscheinungen keinen Unterschied macht, wird alles gleichberechtigt im Licht des einen Bewusstseins gesehen: Häuser, Menschen, Berge, Dinge, Tiere, Gedanken, Gefühle … Es spielt keine Rolle, ob scheinbar unbewusste Charaktere oder bewusste Charaktere da sind. Alles ist gleichberechtigt anwesend, und das Licht des Bewusstseins erleuchtet alles urteilsfrei.

ÜBUNG I

Denken Sie bitte folgenden Satz zweimal: »ICH MÜSSTE NOCH BEWUSSTER WERDEN.«

AHA-EFFEKT

Wenn Sie bemerken, dass Sie diesen Satz zweimal gedacht haben, könnte Ihnen auffallen, dass dieser Satz zweimal vom Bewusstsein registriert wurde, denn sonst hätten Sie ihn ja nicht bemerken können. Also erscheint sogar ein Gedanke, der Unbewusstheit zum Thema hat, im Licht des Bewusstseins. Deshalb ist dieser Gedanke erleuchtet, genauso wie alles andere erleuchtet ist, egal, ob wir es als positiv oder negativ bewerten. An dem Auftauchen der verschieden wirkenden Inhalte können Sie nichts ändern, weil es Sie als Person nicht gibt. Ein persönliches Ich setzt sich nur aus auftauchenden Gedanken, Vorstellungen und Gefühlen zusammen.

ÜBUNG II

Stellen Sie sich eine große Wiese bei schönstem Sonnenschein vor. Auf dieser Wiese stehen Hunderte Menschen. Alle haben einen Eimer auf dem Kopf und können nichts sehen. Der Zustand mit dem Eimer auf dem Kopf entspricht dem eines spirituellen Suchers, der sich für ein vom erleuchteten Sein abgetrenntes Individuum hält und noch etwas Besseres als die Gegenwart finden möchte. Und nun stellen Sie sich bitte vor, einer dieser Menschen stolpert über einen Maulwurfshügel. Er kann sich wieder fangen, aber der Eimer fällt zu Boden. Würde dieser Mensch erkennen können, dass die Sonne (das Licht des Bewusstseins) auf ihn scheint, aber auch, dass die Sonne auf alle anderen Menschen scheint, die noch den Eimer auf dem Kopf haben? Würde er auch sehen können, dass alle Menschen schon erleuchtet sind und alles schon erleuchtet ist, obwohl die meisten Leute auf der Wiese das noch nicht bemerken?

AHA-EFFEKT

Alles befindet sich schon im Licht des Bewusstseins, alles ist erleuchtet. Das, was Sie suchen, wenn Sie Erleuchtung suchen, sind Sie bereits, egal, ob das erkannt wird oder nicht. Es gibt keinen Weg, den Sie beschreiten könnten, um zur Erleuchtung zu gelangen. Die spirituelle Suche wird häufig von einer inneren Anspannung begleitet. Doch wenn Sie erkennen, dass alles schon erleuchtet ist, weil alles im zeitlosen Licht des Jetzt erscheint, kann sich diese Anspannung in Entspannung und ein Gefühl von Leichtigkeit verwandeln.

Wird der Irrtum, ein einzelnes menschliches Wesen zu sein, durchschaut, spricht man von Erleuchtung.

Doch eine Person kann nicht erleuchtet sein,
sondern das eine Leben erkennt, dass es keine Person ist
und dass alles schon erleuchtet ist.

Lesen Sie den letzten Satz bitte noch einmal, er ist sehr wichtig!

Oft hält uns die angestrengte Suche nach präsenter Gegenwärtigkeit davon ab, sie zu finden, weil wir dauernd damit beschäftigt sind, unseren spirituellen Fortschritt zu überprüfen. Die dauernde Suche hält uns vom Finden des Gesuchten ab. Hier ist Gelassenheit gefragt, denn persönliche Erleuchtung ist nur eine Illusion, die innerhalb des Spiels des Bewusstseins als Spielelement auftaucht. Die Suche nach persönlicher Erleuchtung ist genauso bedeutsam wie die Suche nach einem Parkplatz. Wenn die Illusion einer getrennten und individuellen Person durchschaut ist, sind Sie vom nobelsten Drang – ein erleuchtetes Ich zu werden – befreit. Jetzt haben Sie mehr Freiheit, Stille und Freude gewonnen, und erkennen sich als das Leben selbst.

Wer sind wir mit unserer
spirituellen Suche? DAS.
Wer sind wir ohne unsere
spirituelle Suche? DAS.
Was geschieht ohne ein Du oder ein Ich? DAS.
Es ist immer nur DAS.

Sein, dies hier, ohne eine persönliche Note, ist die wahre Natur. Somit ist persönliche Erleuchtung eine Illusion und das Streben danach sinnlos. Mit Glück erkennt sich das eine Leben selbst, doch kein Ich kann das beeinflussen oder beschleunigen.

Schlusswort

Jeden Tag sehen wir Dinge, die uns vertraut und gewöhnlich vorkommen. Und weil uns Gewöhnliches meist langweilt, begeben wir uns auf die Suche nach dem Außergewöhnlichen. Das, was bereits da ist, halten wir für selbstverständlich, und wir möchten etwas anderes haben. Doch wenn wir uns fragen, wieso alles, was wir sehen, hören und fühlen können, überhaupt existiert, gelangen wir zu der ehrfürchtigen Einsicht, dass wir Zeuge eines riesigen Wunders sind. Alles geschieht in diesem Moment. Wenn das Leben aus seinem Traum erwacht, nur eine kleine und begrenzte Person zu sein, wird das leuchtende Wunder des Seins erkannt. Das Gewöhnliche wird zum Außergewöhnlichen, unsere Suche ist beendet, und wir fühlen uns zu Hause angekommen. Es ist wie bei der bekannten Heldenreise in der Literatur: Der Held fühlt sich berufen, macht sich auf den Weg, überwindet etliche Hindernisse und kehrt schließlich mit einem inneren Gewinn nach Hause zurück. Alles ist wie vorher, und doch ist alles anders.

Manchmal vergessen wir wieder, dass wir eins mit allem sind, aber glücklicherweise bleibt das tiefe Wissen um unsere wahre Natur erhalten. Auch unsere Person, das Ich, darf bleiben. Und sobald sich das Leben nicht mehr mit dieser Person verwechselt, stellt sich mehr Leichtigkeit ein, weil alle Ereignisse nicht mehr so ernst genommen werden. Das große Spiel des Lebens läuft zeitlos weiter. Spielen Sie einfach mit, und fühlen Sie die kraftvolle Fülle des Seins in diesem Moment. Erinnern Sie sich daran:

Sie haben kein Leben, Sie sind das Leben!

Von Herzen
Ihr Dirk Hessel

Danksagung

Ich danke Ihnen, liebe Leserinnen und Leser, dass Sie Ihr Leben leuchten lassen und wir auf diesem Weg gemeinsam zu einer Bewusstseinssteigerung der Menschheit beitragen dürfen. Mein Dank geht an Sofia Karassawas für ihre wertvollen Hinweise zum Manuskript. Besonders danke ich Heidi und Markus Schirner vom Schirner Verlag dafür, dass sie mir die Möglichkeit gegeben haben, mit diesem Buch über die Vorzüge eines verbundenen Lebensgefühls im Hier und Jetzt berichten zu können. Mein herzlicher Dank geht an Katja Hiller vom Schirner Verlag. Sie hat mich warmherzig und professionell unterstützt und dieses Projekt durch ihr Lektorat in die richtigen Bahnen gelenkt. Ich bin aus tiefstem Herzen dankbar für meine Familie und für alle Freunde und Menschen, denen ich begegnen darf. Mein größter Dank gilt wie immer dem einen Leben, das mich durch seine ständigen Herausforderungen in freudvoller Gegenwärtigkeit wach bleiben lässt.

Bildnachweis

Bilddatenbank www.shutterstock.com

Hintergründe auf allen Seiten: #81012826 (©HolyCrazyLazy), Element »Kreis«: #210187381 (©wow.subtropica), Element »Lotos« bei Überschriften und Merksätzen: #584000626 (©Anton V. Tokarev) und Element »Lotos« bei Übungen und Aha-Effekten: #525712555 (©Alex_Murphy)
S. 4: #698777647 (©kanwaradecember), S. 11: #641704987 (© Roman Samborskyi), S. 21: #115422772 (©topseller), S. 25: #321921797 (©Jaromir Chalabala), S. 33: #668593321(©LedyX), S. 37: #352777403 (©Ditty_about_summer), S. 41, 83 und 140: #522481498 (©Roserunn), S. 43: #278842925 (© Alena Ozerova), S. 47: #515185513 (©279photo Studio), S. 50: #242880112 (©Oksana Kuzmina), S. 55: #621712796 (©F8 studio), S. 61: #649227229 (©Kate Aedon), S. 65: #304751177 (©Syda Productions), S. 71: #365225285 (©R Kristoffersen), S. 78: #144640211 (©sirtravelalot), S. 85: #76046059 (©smereka), S. 88: #633033554 (©Syda Productions), S. 93: #515199031 (©Antonio Guillem), S. 95: #709026835 (©Nattakorn_Maneerat), S. 103: #160164149 (©Ruslan Guzov), S. 108: #118445494 (©carlo dapino), S. 111: #130568954 (©EpicStockMedia), S. 119: #383613760 (©De Visu), S. 123: #347323895 (©SUMITH NUNKHAM), S. 125: #552045823 (©Tananyaa Pithi), S. 127: #536413921 (©279photo Studio), S. 134: #500706412 (©Kaspars Grinvalds)

Über den Autor

Dirk Hessel ist spiritueller Lehrer, Buchautor und Heilpraktiker. Nachdem er als Marketingmanager eines internationalen Unternehmens und als Autor einer TV-Serie tätig war, löste eine tief greifende Bewusstseinstransformation die Identifikation mit dem Ich radikal auf. Heute schreibt Dirk Hessel spirituelle Bücher und hält Vorträge und Seminare über das bewusste Dasein und die Befreiung aus der Illusion des Ich. Dirk Hessels Werk hat europaweit schon viele Menschen dazu bewegt, innere Kraft und ein erfülltes Dasein in der Gegenwart zu finden. Der zentrale Punkt besteht darin, die Identifikation mit dem Ich dauerhaft zu durchschauen und den jetzigen Moment vollkommen zu akzeptieren. Ist das geschehen, öffnet sich der Weg zu innerem Frieden und zum Frieden für die gesamte Menschheit.

www.dirkhessel.com

Danke für deine REZENSION

– Gemeinsam sind wir mehr –

Liebe Leserin, lieber Leser,
von Herzen danken wir dir, dass du dieses Buch in den Händen hältst und es bis zum Ende gelesen hast. Das bedeutet uns, dem Schirner Verlag und seinen Autoren, sehr viel. Aus voller Überzeugung und mit Hingabe widmen wir uns seit vielen Jahren Themen, die unser aller Lebensqualität und Bewusstwerdung dienlich sind, und hoffen, einen Beitrag für eine lichtvollere Welt leisten zu können. Wenn dir unsere Arbeit gefällt, möchten wir dich bitten, dir einige Minuten Zeit zu nehmen, um dieses Buch zu rezensieren. Warum? Die meisten Menschen lesen Rezensionen, bevor sie ein Buch kaufen, da sie hierdurch einen Eindruck bekommen, ob und wie der Inhalt des Buches den Leser erreicht hat. Eine kurze Rezension ist dabei ebenso hilfreich wie eine lange, sehr ausführliche. Um es auf den Punkt zu bringen:
Eine Rezension ist heutzutage die beste Werbung für ein Autorenwerk!
Wenn du den Schirner Verlag und seine Autoren neben dem Buchkauf auch anderweitig unterstützen willst, dann bitten wir dich: Schreibe für jedes Werk eine Rezension – am besten auf der Seite, wo du es gekauft hast, und zusätzlich beim Schirner Verlag und bei Amazon. Das wäre nicht nur eine Wertschätzung für die Autoren, sondern kann dazu beitragen, dass die Verkaufszahlen steigen und der Schirner Verlag auch in herausfordernden Zeiten Bestand hat.

WIE SCHREIBT MAN EINE REZENSION?

Grundsätzlich sollte eine Rezension aus der eigenen, subjektiven Sicht geschrieben werden, da es sich um eine persönliche Meinung handelt. Du kannst in zwei Sätzen deine Gedanken zu dem Buch äußern oder eine längere Rezension verfassen. Falls du nicht weißt, wie du beginnen sollst, hier ein paar Anregungen:

- War das Buch leicht verständlich geschrieben? Wie hat dir die Sprache gefallen? Wie empfandest du die Aufteilung der verschiedenen Themen?
- War es unterhaltsam? War es deiner Meinung nach mit Herzblut und Liebe geschrieben? Wie hat es auf dich gewirkt?
- Hat es dein Herz berührt? Konntest du dich wiederfinden?
- War es tief greifend genug? Hast du viel Neues gelernt?
- Hat es gehalten, was der Titel und die Buchbeschreibung versprochen haben? Hat es deine Erwartungen erfüllt?
- Was macht das Buch besonders? Warum sticht es heraus im Vergleich zu anderen Büchern, die ein ähnliches Thema behandeln?
- Würdest du das Buch weiterempfehlen oder verschenken?

Dankeschön

lesen, fliegen, landen
Schirner Verlag